指数基金定投

入门与技巧

张飞 编著 （第2版）

清华大学出版社
北京

内 容 简 介

本书是一本指数基金入门教程，旨在帮助入门级的用户开启指数基金全面、系统、高效的学习，减少投资的风险，防止财富的损失。

本书主要内容包括：指数基金的历史、概念、品种；指数基金的挑选、申购、买卖方法；指数基金的定投方案、风险防范等。通过学习本书，可以帮助新基金用户从外行成为内行，并且精通看盘、短线操作、长线投资技巧，轻松玩转指数基金。

本书内容通俗易懂、可操作性强，语言生动简洁，适合基金投资爱好者，特别是指数基金、定投基金的理财爱好者使用。

图书在版编目(CIP)数据

指数基金定投入门与技巧/张飞编著. —2版. —北京：清华大学出版社，2021.1（2021.11重印）
ISBN 978-7-302-55586-5

Ⅰ.①指… Ⅱ.①张… Ⅲ.①指数—基金—投资—基本知识 Ⅳ.①F830.59

中国版本图书馆CIP数据核字(2020)第089909号

责任编辑：张　瑜　杨作梅
装帧设计：杨玉兰
责任校对：周剑云
责任印制：丛怀宇
出版发行：清华大学出版社
　　　　　网　　　址：http://www.tup.com.cn, http://www.wqbook.com
　　　　　地　　　址：北京清华大学学研大厦A座　　　　　邮　　编：100084
　　　　　社 总 机：010-62770175　　　　　邮　　购：010-62786544
　　　　　投稿与读者服务：010-62776969, c-service@tup.tsinghua.edu.cn
　　　　　质量反馈：010-62772015, zhiliang@tup.tsinghua.edu.cn
印 装 者：三河市君旺印务有限公司
经　　销：全国新华书店
开　　本：170mm×240mm　　印　张：15.5　　字　数：247千字
版　　次：2017年5月第1版　2021年1月第2版　　印　次：2021年11月第2次印刷
定　　价：59.80元

产品编号：086351-01

前　言

写作驱动

据相关数据统计，截至 2019 年 8 月底，美国指数基金和 ETF 基金在美国基金总量中占比较高，其中指数共同基金 400 多只，规模突破 40000 亿美元，并首次超过主动型基金规模；ETF 基金规模突破 40000 亿美元。

反观我国，指数基金规模占比较小。截至 2019 年上半年，我国指数基金规模仅 9400 亿元，占公募基金的比例不足 10%，这个比例远远低于美国指数共同基金和 ETF 基金占基金总规模的比例（约 27%）。因此，笔者认为国内指数基金发展还存在极大的空间。

美国一直有投资指数基金的传统，美国的大部分家庭都会做家庭资产规划，将其中的部分资产用来做长期投资。而我国指数基金出现较晚，但是发展迅速，如果再加之家庭资产投资概念风行的话，指数基金将是很多家庭的不二之选。

特色

本书最大的特色主要有以下五点：

（1）梳理脉络，完整呈现。本书不仅全面叙述了基金的起源与发展，还梳理了基金的来龙去脉，将指数基金的发展全貌淋漓尽致地展现了出来。

（2）科学分类，内容翔实。全书共分 10 章，其中第 2、3 章详细地介绍了各个代表性的指数的特点与优势，为投资者提供了多样化的选择。

（3）投资高手，经验丰富。本书作者从事指数基金研究多年，对指数基金定投颇有心得，深谙指数基金涨跌之道，经验丰富！

（4）内容优质，知识全面。结合通俗易懂的语言，多角度、深层次地为大家分析金融术语与指数基金投资知识。

（5）实战心得，亲身体验。作者为将自己丰富的投资知识与经验全面展现出来，亲自撰稿、截图、校对、勘定，用心良苦。

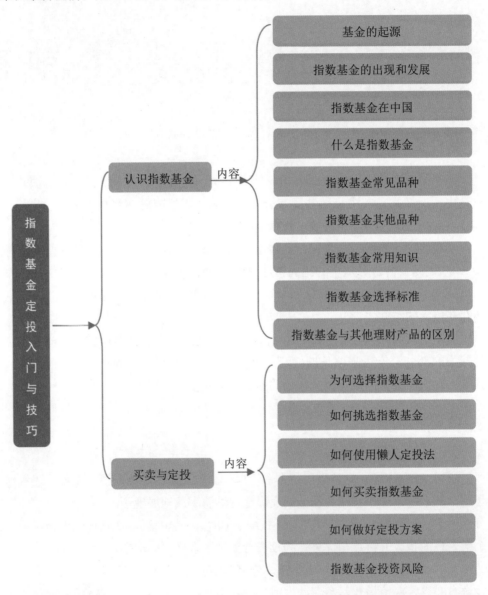

本书内容

本书内容安排由浅入深，从理论到实操循序渐进。本书由两部分组成，具体如下。

前半部分内容是介绍和认识指数基金，先依托时代背景，生动而全面地讲述了指数基金的历史；然后分析了国际指数基金和我国指数基金的发展现状和未来展望；最后将指数基金从不同的角度进行了分类，并介绍了各个指数基金的特点与优势。

后半部分内容是理论和实操，不仅详细地讲述了指数基金买入卖出的技巧，还总结了各项指标的计算方法；除此之外，还集中讲述了指数基金定投技巧、定投实际操作与定投的误区。

作者售后

本书由张飞编著，具体参与编写的人员还有严遥、刘松异等人，在此表示感谢。由于作者知识水平有限，书中难免有错误和疏漏之处，恳请广大读者批评、指正。

编　者

Contents 目录

第1章
热身！
指数基金从何而来

学前提示

《孟子·万章下》中有这么一句："颂其诗，读其书，不知其人可乎？是以论其世也。"意思是说，要读一个人的作品先要了解一个人的生平。对于一个崭新的事物也是如此，如果你想学习基金定投，就要先了解基金的来龙去脉。

要点展示

▶ 基金的起源
▶ 早期共同基金
▶ 指数基金的出现和发展
▶ 指数基金在中国

1.1 基金的起源

基金发展到今天，可谓是百花齐放，各种类型的基金层出不穷，纷纷涌向广大的经济市场。然而，面对琳琅满目的基金，各大投资者和"基民"们常犯选择困难症，在多种基金甚至投资方式之间摇摆不定，难以抉择。那么，要想正确地选择基金，首先要了解基金的来龙去脉。

1.1.1 一分钟了解基金

基金的英文名叫 Fund。从广义上说，它的设立带有很强的目的性，最为大家熟知的当属公积金，诸如住房公积金、公司公积金等；保险基金也是一种常见的基金，是作为一种社会后备基金而存在，并且传播度很广；此外还有信托投资基金、退休基金和各种基金会的基金。

从狭义上来解释，基金指的是具有特定目的与用途的基金，现在通行概念讲的基金是指证券投资基金。

更通俗地解释，为"基民"所熟知的股票和债券都属于直接投资，获取了某个公司或企业的股票，就意味着直接获得了这个公司或企业的部分股权；同样的，债券指的是外借资金给其他企业或国家，它代表的是一种债券关系，如图 1-1 所示为 2008 年中国建设银行代理发行的凭证式国债的收款凭证。而基金不一样，它是一种间接投资，是一种委托关系，受到委托的基金管理公司或者专门机构会协助"基民"进行投资，并让"基民"选择自己想要投资的计划。

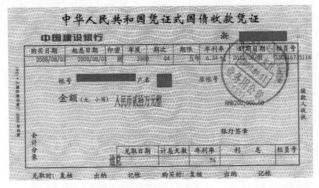

图 1-1 2008 年中国建设银行代理发行的凭证式国债的收款凭证

1.1.2 为什么会出现基金

在原始社会，人们之间的交易靠物物交换实现。比如，在某个原始部落，谷物、陶瓷、牲畜、珠贝等商品，是最重要、流通性最强的，就具有了货币职能。但是因为牲畜、陶瓷等不能分割，于是贝类成为实物货币。不过，随着时代的前进以及社会的发展，金属铸币（如刀币、铜钱等）逐渐成为主流。如图 1-2 所示为汉代金属铸币五铢钱的实物。

图 1-2 汉代金属铸币五铢钱的实物

当然，货币的出现还只是一个起步，但正如阿波罗 11 号宇航员阿姆斯特朗所言——"这只是我个人的一小步，但却是整个人类的一大步"。其中，货币的发展、商品经济的繁荣以及资本市场的出现，最终都促成了作为投资形式的基金的出现。

1.1.3 基金的雏形

从 15 世纪起，西方开始了长达几个世纪的大航海时代，地理位置优越而且脱离西班牙统治的荷兰虽然是个蕞尔小国，但它拥有强大的军事实力，以及发达的渔业、海洋运输业，最后取代西班牙和葡萄牙的全球霸主地位，一跃成为海上"马车夫"。

历史上最早的股票交易所——阿姆斯特丹交易所正是由荷兰东印度公司于

1602 年设立的，如图 1-3 所示。同样地，今天为人熟知的基金也是由荷兰萌芽的，更巧的是，历史上重大的"郁金香泡沫"也是由荷兰引发的。

1882 年，世界上首只私人基金正式"抛头露面"，它由荷兰国王威廉一世创立。其主要用途是投资市场上的有价证券，并在欧洲与美洲之间的商品货币贸易中发生了举足轻重的作用。

图 1-3　荷兰阿姆斯特丹交易所旧照

1.1.4　最早的社会化基金

上文所说的威廉一世的私人基金算是共同基金的雏形，而基金的社会化却发生在英国。1868 年，荷兰已经不再拥有曾经的辉煌，取而代之的是英国。后者通过第一次工业革命和"圈地运动"发展了资本主义经济，扩大全球的殖民地，疯狂掠夺全球的劳动力与资源，历史上闻名一时的"日不落帝国"正式诞生。

在这期间，随着英国王室、贵族、商人阶层的富裕，他们决定将自己的资产投资海外。但是在那个年代，由于语言不通、地域遥远、文化差异以及投资者们缺乏专业知识，导致投资市场骗局频发，投资者们亏损连连。

1868 年 11 月，获得英国政府支持的"海外及殖民地政府信托基金"组织正式成立，并在《泰晤士报》上刊登招募说明书，投资 48 万英镑，以海外殖民地公司债券为投资方向，面向全英国社会个人，该基金被公认为是世界上最早的证券投资基金。

在这个历史阶段，从"海外及殖民地政府信托基金"主要投资海外企业和债券、3% 的销售费用、25 个基点的管理费以及一次性募集不可赎回的特点来看，它已经具有今天封闭式基金的雏形。

随着"海外及殖民地政府信托基金"招募说明书的发布，英国证券投资基金如雨后春笋般涌现。据相关数据统计，至 1890 年，也就是在短短的 22 年里，英国对外证券投资基金已经超过 100 只。

1.2 早期共同基金

共同基金在中国香港地区被称为互惠基金，在美国被称为股份不定投资公司。从"共同"与"互惠"这两个字眼就可以看出它的含义：将小钱汇集成大钱，委托给专业人士、基金管理公司或者专门的投资机构，并从中获取一定利润的投资形式。

1.2.1 风雨飘摇的投资信托

1.1 节所说的威廉一世的第一只私人基金，以及 1774 年荷兰阿姆斯特丹交易所设立的"种植园贷款基金"，都属于共同基金的雏形。虽然共同基金起源于荷兰，但真正将它兴盛起来的却是美国。

1895 年，第一只股票市场指数——道琼斯工业指数正式设立，时至今日，道琼斯指数仍然是测试股市走势的权威参考基准。

20 世纪初，美国受第一次世界大战影响小，主体经济从农业经济转向工业经济。1925 年，第 30 届美国总统卡尔文·柯立芝说："美国人民的首要任务是商业经济。"美国经济的繁荣直接带动了股市的发展，而这时的投资信托也促成了后来"共同基金"这个投资新星的出现。

何谓投资信托？简单来说，它是各种不同的公众和私人投资者的资本的一个集合体。当时任意一个美国人，他身上有几百美元，即可参与这种投资信托。当公众和私人投资者的资金汇集在一起，委托公司便用它在股票市场上进行投资。

20 世纪 30 年代，投资信托因为投机行为和金融欺诈而臭名昭著。这时候，美国投资者们需要一种新的稳定的信托。在这样的背景下，作为开放式基金的共同基金应运而生，开始走上历史舞台。

1.2.2　第一只共同基金

1924 年 3 月，200 名哈佛大学的教授一起出资 5 万美元，在波士顿成立了一只包括 46 只股票的"共同基金"——马萨诸塞投资信托，又名 MIT。这只基金涉及范围包括保险公司、铁路等。最令投资者欣喜的是，它和传统的封闭式投资信托不同，可以按照基金净资产自由购买和赎回。

1924 年 7 月，"马萨诸塞投资信托"开始面向社会公开募资。在此后的第一年时间里，"马萨诸塞投资信托"吸引了 200 名投资者，募集了 32 000 份单位信托，总价值 39.2 万美元。

时至今日，这只"长寿"的基金依然健在，这么多年来它一直贯彻自己的通过投资组合降低风险的理念，为全世界投资者提供专业而稳定的投资服务。

然而，天有不测风云，1929 年 9 月 28 日星期二，美国迎来了罕见的严重股灾，开市后道琼斯指数狂跌不止，跌幅高达 12%。两年后，道琼斯工业指数狂跌 340 个点，股市大崩盘，各类共同基金发生巨大亏损。如图 1-4 所示，从 1900—2004 年道琼斯工业指数趋势图可以看出，1929 年跌幅最大，下跌速度也最快，这次事件史称"黑色星期二"，成为美国进入经济大萧条时期的重要标志。

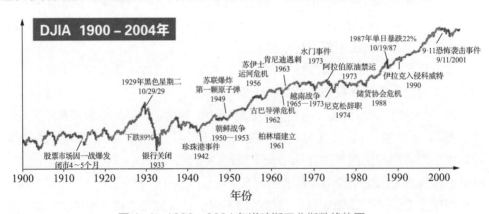

图 1-4　1900—2004 年道琼斯工业指数趋势图

1.2.3　早期的指数

20 世纪 30 年代，有研究人员发现，指数形式组合的基金具有独特的优势。1933 年，阿尔弗雷德·考列斯在他的报告中指出，当前股市变动太厉害，以至于所有投资者迷失了方向。他的考列斯指数记录了 1871—1960 年以来纽约交易所所有的股票。1960 年，经过重新修改设计后的新指数便是为"基民"们所津津乐道的标准普尔 500 指数，如图 1-5 所示。

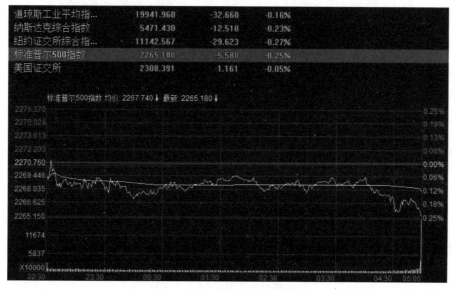

图 1-5　标准普尔 500 指数

20 世纪 50 年代，哈里·马科维茨与保罗·萨缪尔森等人开始进行大量研究，想探究出一套最有效的股票组合。后来保罗·萨缪尔森与哈里·马科维茨还分别获得了 1970 年、1990 年诺贝尔经济学奖。在他们的研究中，都得出一个相同的结论——指数组合的基金优于其他组合的基金。

虽然很多研究者呼唤指数基金已久，但是它却一直"犹抱琵琶半遮面"，直到 20 世纪 70 年代才出现。究其原因，主要有以下 3 个。

（1）运算复杂。指数基金虽然听起来简单，但却需要庞大而又复杂的计算，以人力是不可能完成的。以 20 世纪 70 年代的条件，即使以人工运算，它的成本也是个天文数字，而人工运算的效率又极低。

第一台电子计算机直到 1946 年才出现，而到 1958 年计算机才刚刚起步，也就是第一代计算机——电子管计算机，如图 1-6 所示。这时候的计算机是个庞然大物，而且成本高、功耗大、可靠性极低。站在今天的角度来看，就很容易理解为什么指数基金出现得这么晚，因为当时的计算机发展水平严重限制了指数基金的出现和发展。

图1-6　电子管计算机

　　（2）成本高昂。在1976年佣金成本解除之前，华尔街采用的是固定佣金制度，这意味着指数基金的管理人不能和托管协商降低成本，从而使得指数基金最大的优势——小额交易无法施展出来。而在分红这一点上，投资者需要付给管理人高额的佣金，这使得很多投资者望而却步。

　　（3）超前的投资理念。指数化的投资策略过于超前，当时的人无法接受这种投资理念。

1.3　指数基金的出现和发展

　　先简单介绍一下指数基金，它与一般的主动管理型基金最大的不同在于指数基金本身就在跟踪股票，基金管理公司和专门机构会依照客户的选择，将资金投资在指定的一篮子股票中。

1.3.1　指数基金出现的前夕

　　前文已经提过，世界上最早的交易所是荷兰阿姆斯特丹交易所，设立阿姆斯特丹交易所的荷兰东印度公司发行的股票是世界上最早的股票。而且，如今国际金融大都市纽约也与荷兰有着千丝万缕的关系。

　　众所周知，美国最早是荷兰的殖民地，荷兰人将现在这个被称为纽约的地方命名为新阿姆斯特丹。而大家绝对想不到的是《华尔街之狼》电影中繁华的华尔街，也就是 Wall Street，直译为"墙街"，是荷兰为抵御英国从东河一直筑到哈德逊河的防御墙，如图 1-7 所示。英国通过第一次工业革命迅速崛起后，开始与荷兰争夺海上控制权，在英荷战争后，荷兰被迫割让一部分殖民地给英国，其中就包括新阿姆斯特丹。英国接管之后，便将新阿姆斯特丹改名为新约克郡，也就是现在的"纽约"。

图 1-7　华尔街"墙街"

虽然英国出现过最早的社会化共同基金，但指数基金却不是产生在英国。究其原因，第一次世界大战之后，英国国力消耗过大，霸权地位日益降低，经济也不景气，基金在英国难以得到长足的发展。而这时，美国不仅受到的影响很小，而且经济也越发繁荣。在这期间，美国人查尔斯·道发布了道琼斯工业平均指数，这标志着本书的主角——指数基金即将登上历史舞台，并将会在金融市场叱咤风云，获得一席之地。

1.3.2　指数基金崭露头角

指数基金起源于美国，并且在美国的推动下获得了长足的发展，这一点是金融业业界公认的。

1971 年，威尔斯·法戈银行推出了世界上第一只指数基金，它首先为新秀丽公司的养老金账户建立了一个高达 600 万美元的账户。而它的交易策略是按照纽约股票交易所的比例购买所有股票，跟踪标的是标准普尔 500 指数。

1976 年，先锋集团推出先锋 500 指数基金，它和威尔斯·法戈银行推出的指数基金一样，跟踪标的也是标准普尔 500 指数，其发行人正是大家熟知的约翰·博格——"指数基金之父"，如图 1-8 所示。

指数基金之父

John Bogle

图 1-8　指数基金之父约翰·博格（1929—2019）

1.3.3　指数基金的成长

进入 20 世纪 80 年代后，美国股市蒸蒸日上，指数基金日趋繁荣，逐渐吸引了一大批投资者的注意。1984 年，距离约翰·博格发行先锋 500 指数基金已经过去了 8 年，终于另一只基金——威尔斯·法戈银行发行的以标准普尔 500 指数为基准的 Stagecoach 公司股票基金诞生。不过，可惜的是，这只指数基金因管理费太高，被市场所淘汰。

1986 年，先锋集团推出世界上第一只广泛致力于债券市场的先锋债券市场基金，它以莱曼兄弟综合债券指数为追踪标的，管理费用比 Stagecoach 公司股票基金低 4 倍，低成本使得它具有极强的竞争力。

值得一提的是，作为补充先锋 500 指数而出现的威尔希尔 4500 指数，是从威尔希尔 5000 指数中删除道琼斯 500 指数中的股票而建立的，主要以中小型公司为主，类似于国内的中证 500 指数。如图 1-9 所示为威尔希尔 4500 指数在 Marketwatch 网站上的涨跌信息。1987 年，先锋集团又推出一系列指数基金，不过这些基金都是为中小型企业开发的，它们以威尔希尔 4500 指数为基准。

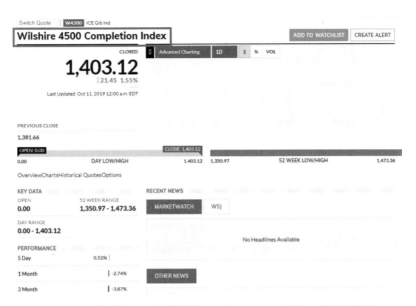

图 1-9 威尔希尔 4500 指数在 marketwatch 网站上的涨跌信息

1.3.4 指数基金的发展

指数基金真正迎来大发展是在 20 世纪 90 年代以后。1994 年，标准普尔 500 指数表现优异，超过了 78% 的股票基金；而到 1995 年，它已经超过市场上 85% 的基金表现。指数基金均衡的增长率在许多投资者心中树立了良好的形象，渐渐博得了行业的关注。

进入 20 世纪 90 年代后，先锋集团开始加速扩充指数基金数量，开始推出以罗素 2000 小盘股指数和摩根士丹利欧洲和太平洋区域指数为追踪标的的指数，如图 1-10 所示为罗素 2000 小盘股指数相关信息。随后，指数市场开始出现百花齐放的局面，你争我赶已经成为业界常态，这标志着指数基金的春天已经来临。

1990 年，富达公司开始推出模仿标准普尔 500 指数和莱曼兄弟综合债券指数的指数基金。至 1990 年年底，多家公司联合推出了 40 多只指数基金。这时，先锋集团也加紧增加了将近 30 只指数基金，这 30 只基金涵盖领域非常广，各类基金、股票和房地产信托都被它们囊括了进去。更令人咋舌的是，先锋集团推出的指数基金的费用要比其他公司推出的指数基金低 0.3%，极具成本优势。据统计，到 20 世纪 90 年代末，美国投资者持有的指数基金资产已超过 10000 亿美元，美国个人投资者持有的指数基金资产增加了 540 亿美元。

图 1-10　罗素 2000 小盘股指数相关信息

1.3.5　指数基金新品种——ETF 基金

20 世纪 80 年代，纽约证券交易所和纳斯达克市场欣欣向荣，而美国证券交易所却门可罗雀，相比之下惨淡许多，这时候，美国证券交易所开始考虑推出新的特殊指数基金。

1987 年 10 月 29 日上午 9 时 30 分，道琼斯指数经过一阵短暂的波动后，急遽下跌，跌幅高达 22.62%，仅次于 1929 年的"黑色星期二"，损失高达 5000 亿美元，如图 1-11 所示。

1987 年股灾之后，美国证券交易所面临的市场形势更为严峻，推出一种融合商品仓单和共同基金的新产品势在必行。1990 年，加拿大多伦多证券交易所推出世界上第一只 ETF 基金——指数参与份额。

1993 年，美国证券交易所在冲破重重内部阻力，正式推出针对标准普尔 500 指数的一篮子股票而设计的第一只 ETF 基金——标准普尔存托凭证。

令人想不到的是，这只艰难诞生的特殊指数基金日后不仅会成为美国历史上增长最快的金融资产，还会风靡全球，走向全世界。

2001 年之前，美国证券基本垄断了 ETF 基金的发行。2001 年之后，形势开始发生变化，纽约证券交易所、欧洲证券交易所和亚洲证券交易所开始重视这个新型品种。

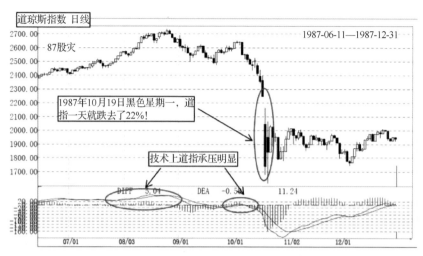

图 1-11　1987 年 6 月 11 日—1987 年 12 月 31 日道琼斯指数趋势图

不久之后，欧洲、亚洲、非洲、大洋洲等地区 ETF 基金发展迅猛，其规模远超一般的共同基金。2003 年，中国香港上市了两只 ETF 基金，一只是跟踪韩国市场表现的 MSCI 韩国指数，另一只是以中国台湾市场为跟踪标的的 MSCI 台湾指数。2003 年，台湾第一只交易所交易基金（ETF）"宝来台湾卓越 50 基金"正式挂牌上市，销售状况和业绩均表现不俗，如图 1-12 所示为《证券时报》上"宝来台湾卓越 50 基金"有关的新闻报道。

图 1-12　《证券时报》上"宝来台湾卓越 50 基金"有关的新闻报道

在美国市场，除了 ETF 基金得到了快速发展外，普通基金也得到了长足的发展。相较于 1990 年，2000 年美国基金数量增长了 2.5 倍，基金总数高达 3000 多只，其中指数基金有 200 多只，如图 1-13 与图 1-14 所示。2000—2001 年，美国市场如雨后春笋般先后涌现 80 只指数基金，而其总数则突破了 400 只。

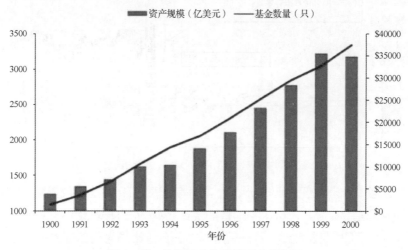

图 1-13　美国基金总数量历史趋势图

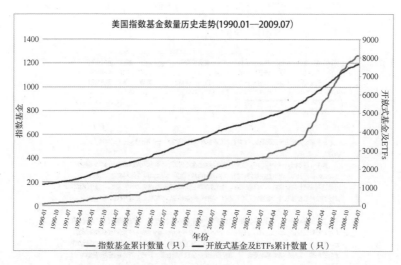

图 1-14　美国指数基金数量历史趋势图（数据来源：《美国基金市场发展与启示》）

截至 2010 年，美国指数基金总数已经超过 1200 只，而且还在以惊人的速度增长。在这 1200 多只指数基金中，将近一半是 ETF 基金，其中 ETF 基金资产管理规模占世界总基金资产管理规模的 71%，如图 1-15 所示。

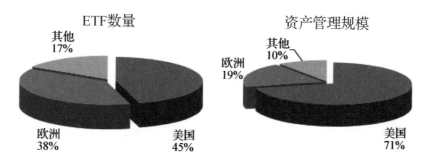

图 1-15　ETF 基金数量与资产管理规模（数据来源：《美国基金市场发展与启示》）

从 1993 年美国证券交易所发行世界上第一只 ETF 基金后，截至 2008 年亚洲金融危机前，全世界共有 1590 只 ETF 基金，总资产规模超过 7000 亿美元。1993—2008 年，美国保持绝对的领先地位，并且保持着高增长率，如图 1-16 所示。截至 2008 年，美国拥有将近 700 只 ETF 基金，总资产规模将近 5000 亿美元，约占全球 70% 的份额。

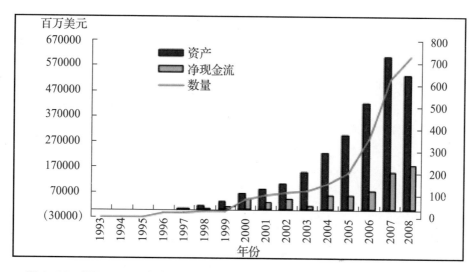

图 1-16　美国 ETF 历年资产增长图（数据来源：《美国基金市场发展与启示》）

在 2000 年之前，ETF 基金虽然已经在全世界生根发芽，但是从总体形势来看，增长速度十分缓慢。直到 2000 年后，随着世界贸易格局的稳定以及全球化进程的加快，ETF 基金进入飞速发展时期。截至 2008 年，美国传统股票型指数基金在股票型基金中占比一直稳定，而 ETF 基金在股票型基金中占比却是 1993

年的 4.5 倍以上，如图 1-17 所示。

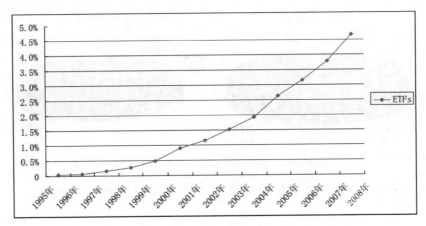

图 1-17　美国 ETF 基金在股票型基金中占比增长图

为什么进入 2000 年后 ETF 基金在全球发展如此之快？原因主要有三个，具体如下。

1）科技进步推动了 ETF 基金的发展

1980 年以来，随着以计算机为代表的高科技技术的飞速发展，世界各国的证券交易系统不断更新换代，不仅提高了基金交易速度，降低了基金交易成本，还扩大了全球交易范围。表 1-1 所示为 2008 年 ETF 基金全球分布表。

表 1-1　2008 年 ETF 基金全球分布表

区域	资产规模（10 亿美元）		ETF 数量		日均成交金额（10 亿美元）		ETF 管理人		交易所	
	数量	占比（%）	数量	占比（%）	数量	占比（%）	数量	占比（%）	数量	占比（%）
美国	497.12	69.9	698	43.9	77.0286	95.8	18	21.2	3	7.1
欧洲	142.82	20.1	632	39.7	2.0251	2.5	29	34.1	19	45.2
日本	27.43	3.9	61	3.8	0.1692	0.2	5	5.9	2	4.8
亚洲（除日本外）	23.63	3.3	95	6.0	0.5278	0.7	34	40.0	13	31.0
其他	20.00	2.8	104	6.5	0.6365	0.8			5	11.9
全球（总计）	711.00	100.0	1590	100.0	80.3872	100.0	85	100.0	42	100.0

ETF 基金并不是一个凭空捏造出的新概念，它是基于现有的指数基金的一次大胆而且成功的尝试。ETF 基金深受投资者喜爱，其产品数量和规模不断增长，尤其到 2017 年其全球规模高达 4.758 万亿美元，如图 1-18 所示。这主要是因为它有着两个特点：一是方便灵活、自由组合的投资配置方式；二是为了降低指数跟踪误差，引入了成熟的申赎和套利机制。

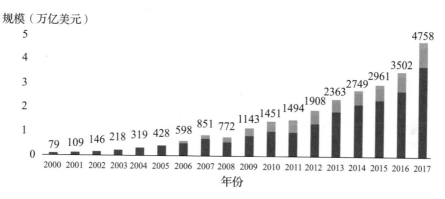

图 1-18　全球 ETF 数量和规模

2）全球化贸易推动了 ETF 基金的发展

在经济全球化和贸易全球化的背景下，世界各国之间的经济关系也日益密切，其中 ETF 基金的快速增长是最为明显的，全球 ETF 机构用户也明显增加，不到 10 年便从 1997 年的 200 家飙升至 2000 多家，如图 1-19 所示。

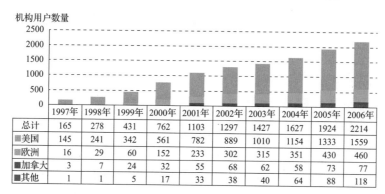

	1997年	1998年	1999年	2000年	2001年	2002年	2003年	2004年	2005年	2006年
总计	165	278	431	762	1103	1297	1427	1627	1924	2214
美国	145	241	342	561	782	889	1010	1154	1333	1559
欧洲	16	29	60	152	233	302	315	351	430	460
加拿大	3	7	24	32	55	68	62	58	73	77
其他	1	1	5	17	33	38	40	64	88	118

图 1-19　全球机构用户增长图（数据来源：《2008 年全球 ETF 发展报告》）

3）流动性管理和信息透明助力 ETF 稳步发展

2008 年亚洲金融危机爆发，在全球共同基金以及其他金融产品出现净赎回的情况下，ETF 基金不仅在美国，甚至在全球都出现了资金持续流入的局面。更令人难以想象的是，在金融危机的影响下，全球 ETF 资金流入仅缩水 10%，如图 1-20 所示。

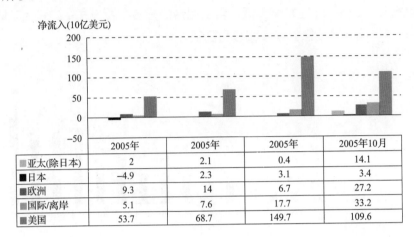

净流入(10亿美元)

	2005年	2005年	2005年	2005年10月
亚太(除日本)	2	2.1	0.4	14.1
日本	-4.9	2.3	3.1	3.4
欧洲	9.3	14	6.7	27.2
国际/离岸	5.1	7.6	17.7	33.2
美国	53.7	68.7	149.7	109.6

图 1-20 全球 ETF 资金流入趋势图（数据来源：《2008 年全球 ETF 发展报告》）

而 ETF 之所以能在金融危机中如此稳定，主要得益于其流动性管理和信息透明的特点。与其他指数基金相比，每天 ETF 基金都会及时公布自己的资产配置，以帮助广大投资者降低风险。

1.4　指数基金在中国

前文已经提过，世界上第一只指数基金是由美国威尔斯·法戈银行在 1971 年推出的。而在中国，不仅指数基金出现得晚，就连基金也出现得很晚。众所周知，基金的发展需要一个稳定的市场环境、经济环境和制度环境，而我国这三个因素稳定下来是在改革开放之后。

1.4.1　"老基金"的出现

随着中国改革开放的开始，中国的基金市场也开始逐步发展起来，当时学界对基金这个外来的新事物十分感兴趣，在研究了理论与可执行性之后，大家开始跃跃欲试。就在研究刚进行时，一些基金活动也开始崭露头角，为日后中国基金的发展拉开了序幕。

1985 年 12 月，中国东方投资公司在中国香港、英国伦敦两地推出第一只中国投资基金——中国东方基金，净资产 1700 万美元，其目的是顺应改革开放的浪潮，吸引外资来华投资中国企业。

1987 年起，国内金融机构与海外金融机构合作，推出了一批小型基金，其中包括怡富基金等。此后三年，由于意识形态上的原因，基金市场受到影响，开始了三年停滞时期。直到 1989 年，香港新鸿基基金管理公司正式推出中国第一只概念基金——新鸿基中华基金，中国基金事业才算真正起步。如表 1-2 所示为我国部分"老基金"一览表。

表 1-2 我国部分"老基金"一览表

基金设立年份	发起人	基金名称
1985	中国东方投资公司	中国东方基金
1989	香港新鸿基基金管理公司	新鸿基中华基金
1990	法国汇理银行亚洲投资有限公司	上海基金
1992	中国新技术创业公司、亚洲开发银行、渣打银行和汇丰银行	中国置业基金
1992	摩根建富集团	中国 B 股基金
1992	中国国际信托投资公司、英国 K.B 银行	中国投资发展基金
1993	中国银行信托咨询公司、AETNA Investment Management (Bermuda) Holdings Limited、银越（香港）有限公司	中安成长基金
1993	美国波士顿太平洋技术投资基金与 9 家中方金融机构	上海太平洋技术投资基金
1993	香港沪光国际投资管理有限公司	上海发展基金
1993	香港天利（国际）投资有限公司	中国航空基金

进入 20 世纪 90 年代后，中国基金开始纷纷冒头。1991 年，经中国人民银行珠海分行批准，设立了珠信投资基金和南山风险投资基金。1992 年，中国新技术创业公司、亚洲开发银行、渣打银行和汇丰银行联合推出了中国置业基金。至此，中国基金数量开始出现井喷式增长。1992 年，上市的中国国家基金有二十多个，至 1993 年年底，增加至 73 个，总资产价值高达 50 亿元人民币，如图 1-21 所示。

为什么 1991 年后，那么多企业会在香港上市，推出自己的基金？原因其实很简单，当时改革开放刚刚起步，很多基础设施都在恢复中，需要引进外资建设国家。也正是因为国家这一举措，使得中国概念股逐步形成，在其后的两年间，国家基金也取得了一些成就。

然而进入1993年下半年，国内基金审批处于停滞状态。1994年，政府开始对基金进行大力整顿，主要有以下两点。

1）改革开放深入，外资直接来华

这时候改革开放已经开始深入，国内环境日益开放，经济越发繁荣，我国贸易开始与世界接轨，外国企业也逐渐了解和适应了改革开放的经济政策。外资企业也察觉到了这些，开始放开手脚，直接在中国投资建厂。这时候，当初在香港上市并吸引外资的企业就显得没那么重要，因此基金审批也开始停滞。

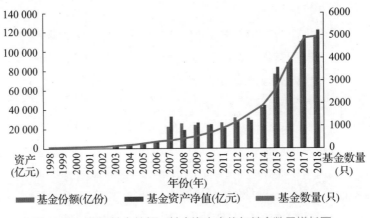

图1-21　我国基金份额、基金资产净值与基金数量增长图

2）企业改制问题

许多企业改制上市本身是促进贸易与经济发展的好事，这些企业上市短时间内取得了很好的经济回报，但是这种经济回报是暂时的，两年后绩效就差了下来，甚至有的企业"一蟹不如一蟹，一年不如一年"，出现亏损情况。

在这种国内管理不当与信息透明度差的情况下，与其盲目让更多企业上市还不如整顿企业，重新发展中国基金事业。

1.4.2　中国基金的发展

为了促进中国基金健康稳步发展，保护基金投资者的利益，加强国家对证券投资基金的管理，1997年11月5日经国务院批准，国务院证券委员会于同年

11 月 14 日正式发布《证券投资基金管理暂行办法》，开始对已有的老基金进行积极改造与升级。

1998 年 3 月，依照《证券投资基金管理暂行办法》改组成立了金泰证券投资基金与天元证券投资基金这两只封闭式基金。

截至 2001 年年底，中国已有封闭式基金 54 只，资金规模由 1998 年的 107.42 亿元直接飙升至 703 亿元。而对比 2000 年的 845.62 亿元资金规模，2001 年封闭式基金的资金规模缩水 142.62 亿元，但从 2002 年起，封闭式基金又开始缓慢回升，如图 1-22 所示。

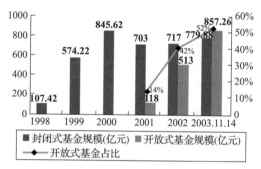

图 1-22 中国封闭式基金与开放式基金规模对比图

2001 年 9 月 4 日，华安基金管理发行华安创新证券投资基金，这是中国历史上第一只开放式基金。从图 1-22 与图 1-23 中可以看出，截至 2002 年，仅一年的时间，中国便已经出现 13 只开放式基金，投资规模从 2001 年的 118 亿元直接上升到了 513 亿元。

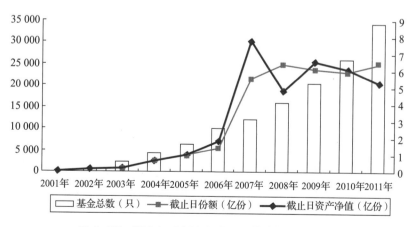

图 1-23 2001—2011 年中国开放式基金规模变化

进入 21 世纪后，基金的增长虽然更加迅猛，但还是迎来了一些困境。如在经历了 2008 年亚洲金融危机后，开放式基金虽然数量还在增长，但是其规模却在连年下跌。金融危机过后，封闭式基金市场日趋饱和，数量增长极其稳定，如图 1-24 所示。

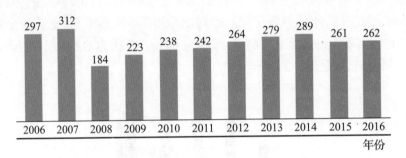

图 1-24　中国封闭式基金数量变化图

1.4.3　中国指数基金的出现

1994 年 7 月，我国相继出现四只指数基金——基金兴和、基金普丰、基金天元和基金景福，它们不是以上证综指就是以深证综指为跟踪标的。

但从严格意义上来说，这四只基金还只能算优化指数基金，不能算真正意义上的指数基金，因为它们都只有一半的资产用于指数化投资，而剩下的不是进行了积极投资，就是投资于国债了。

"等了好久终于等到今天，盼了好久终于把梦实现"，2001 年，华安基金管理有限公司获得中国证监会批准，中国第一只指数基金——华安上证 180 指数增强型证券投资基金正式面市。

2003 年，另一只指数基金，也就是中国第一只标准指数基金"天同上证 180 指数基金"紧随其后，也正式上市发行。

2001 年，上海证券交易所战略发展委员会在研究新产品时，正式提出新型指数基金构想——ETF 基金。

2004 年，我国第一只 ETF 基金——华夏上证 50ETF 正式面世，它以上证 50 指数为跟踪标的。推出这只 ETF 基金的管理公司是华夏基金管理有限公司，托管方是中国工商银行。华夏上证 50ETF 上市时资产规模只有 54.35 亿元，其相关数据如图 1-25 所示。

基金名称：华夏上证 50ETF	基金代码：510050	投资理念	中国经济和资本市场将长期快速增长，指数化投资可以以最低的成本和较低的风险获得市场平均水平的长期回报。标的指数具有良好的市场代表性、流动性与蓝筹特征，通过完全复制法实现跟踪偏离度和跟踪误差最小化，可以满足投资者多种投资需求。
投资风格：指数型	投资对象：ETF		
基金风格：偏股型基金	配置股票比例：98.16%		
基金管理人：华夏基金管理有限公司	基金托管人：中国工商银行	成立日期	2004-12-30
单位净值：2.011元	累计净值：2.524元	所属基金系列代码	--
贝塔系数：1.02439	夏普比率：-0.150813	所属基金系列名称	--
简森指数：-0.002662	日常申购起始日：2005-02-23	基金风格属性	偏股型基金

图 1-25 华夏上证基金相关信息

截至 2016 年，仅仅 12 年时间，在中国上海证券交易所和深圳证券交易所挂牌上市的 ETF 基金共有 140 只，其中 92 只 ETF 基金在上海证券交易所上市，48 只 ETF 基金在深圳证券交易所上市，总资产高达 3400 亿元人民币。如果不将货币基金计算在内，截至 2016 年年底，中国 ETF 基金 100 多只，总资产规模也有约 2000 亿元。

截至 2016 年年底，资产规模超过 100 亿元的 ETF 基金共有 7 个，分别是华夏上证 50ETF、华泰柏瑞沪深 300ETF、华安上证 180ETF、嘉实沪深 300ETF、南方中证 500ETF、华夏沪深 300ETF、汇添富中证上海国企 ETF，如图 1-26 所示。其中，华夏上证 50ETF 依然是国内资产规模最大的 ETF 基金。

代码	名字	指数	市值（亿元）	管理费率（%）	托管费率（%）	总费率（%）
510050	华夏上证50ETF	上证50指数	291.00	0.50	0.1	0.60
510300	华泰柏瑞沪深300ETF	沪深300指数	179.00	0.50	0.1	0.60
510180	华安上证180ETF	上证180指数	173.00	0.50	0.1	0.60
159919	嘉实沪深300ETF	沪深300指数	172.00	0.50	0.1	0.60
510500	南方中证500ETF	中证500指数	163.00	0.50	0.1	0.60
510330	华夏沪深300ETF	沪深300指数	161.00	0.50	0.1	0.60
510810	汇添富中证上海国企ETF	中证上海国企指数	150.00	0.45	0.1	0.55

数据来源：Bloomberg,Woodsford Capital Management

图 1-26 2016 年国内 ETF 基金排行榜

从 2016 年国内 ETF 基金分布数量来看，无论是上海证券交易所还是深圳证券交易所，在它们那里挂牌上市的 ETF 基金大多是股票型 ETF 基金，在 ETF 基金中占比高达 80%，剩下的 ETF 基金种类是货币基金、债券 ETF 基金以及大宗商品 ETF 基金，如图 1-27 所示。

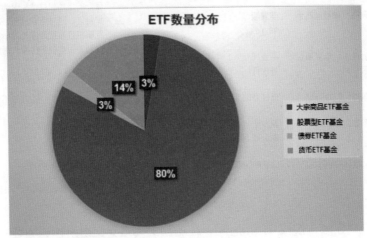

数据来源：Bloomberg

图 1-27　2016 年国内基金数量分布图

自从 2004 年我国出现第一只 ETF 基金，至 2008 年金融危机以来，ETF 基金基本没什么增长，如图 1-28 与图 1-29 所示。金融危机过后，我国 ETF 基金开始如雨后春笋般冒出来。截至 2017 年年底，我国市场上共有 141 只 ETF 基金，资产总规模高达 2320.65 亿元，相比 2016 年增加了 200 多亿元，上涨幅度超过 10%。

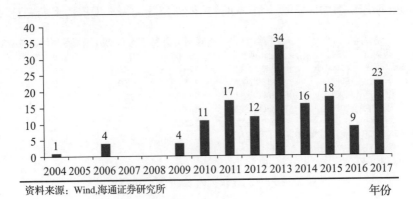

资料来源：Wind,海通证券研究所

图 1-28　我国历年发行的 ETF 产品的数量（只）

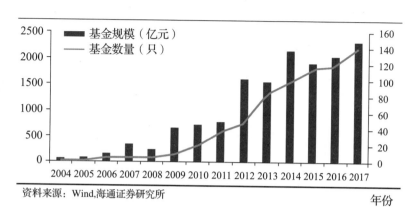

基金规模（亿元）
基金数量（只）
2500
2000
1500
1000
500
0
160
140
120
100
80
60
40
20
0
2004 2005 2006 2007 2008 2009 2010 2011 2012 2013 2014 2015 2016 2017
资料来源：Wind,海通证券研究所
年份

图 1-29 我国历年发行的 ETF 个数和规模变化

从前文可知，华夏上证 50ETF 在 2016 年的资产总规模为 291 亿元，三年之后，也就是 2019 年，其基金资产总规模已达到 492 亿元，不可不说上涨幅度极高了，如图 1-30 所示。

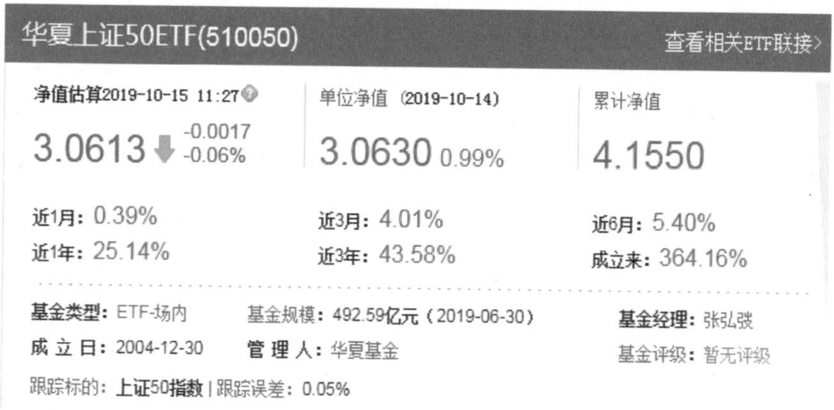

华夏上证50ETF(510050)
查看相关ETF联接>
净值估算2019-10-15 11:27
3.0613
-0.0017
-0.06%
单位净值 (2019-10-14)
3.0630 0.99%
累计净值
4.1550
近1月：0.39%
近1年：25.14%
近3月：4.01%
近3年：43.58%
近6月：5.40%
成立来：364.16%
基金类型：ETF-场内
成 立 日：2004-12-30
基金规模：492.59亿元（2019-06-30）
管 理 人：华夏基金
基金经理：张弘弢
基金评级：暂无评级
跟踪标的：上证50指数 | 跟踪误差：0.05%

图 1-30 华夏上证 2019 年 6 月 30 日资产总规模

总之，与欧美国家相比，我国基金起步很晚，而指数基金起步更晚。正因为这样，我国的基金未来发展还需要努力，还有很长一段路要走。

第2章
速知!
什么是指数基金

学前提示

本章主要了解三大概念，分别是基金、指数基金和股票指数。投资者一心想投资指数基金，却连基金都不怎么了解，那这种投资就显得很盲目和随意。所以说，了解指数基金相关概念是必备的入门课程。

要点展示

- ▶ 什么是基金
- ▶ 什么是指数基金
- ▶ 什么是股票指数

2.1　什么是基金

在第一章我们大致了解了基金与指数基金的相关历史：基金起源于荷兰，发展于英国，成熟于美国。虽然很多人已经大致了解基金的来龙去脉，知道了基金是个近代的产物，那么基金究竟是什么东西？

2.1.1　基金的概念

基金的英文为 Fund，原意就是基金。而我们现在讲的基金在通行概念上它就是指的证券投资基金。基金指的是通过发售基金份额，集中众多投资者所投出的基金，形成独立财产，并交付基金托管人托管（如银行等），再由基金管理人负责投资于股票、期货、债券和短期票券等证券，这是一种以投资组合的方法进行证券投资的一种利益共享、实现保值增值、风险共同承担的集合投资方式。

基金可以分为广义上的基金和狭义上的基金，具体如图 2-1 所示。

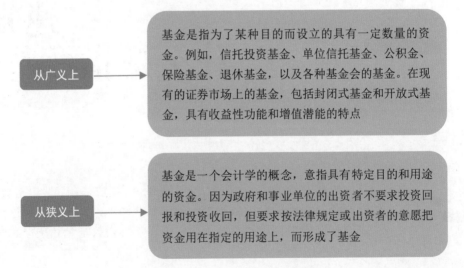

从广义上　　基金是指为了某种目的而设立的具有一定数量的资金。例如，信托投资基金、单位信托基金、公积金、保险基金、退休基金，以及各种基金会的基金。在现有的证券市场上的基金，包括封闭式基金和开放式基金，具有收益性功能和增值潜能的特点

从狭义上　　基金是一个会计学的概念，意指具有特定目的和用途的资金。因为政府和事业单位的出资者不要求投资回报和投资收回，但要求按法律规定或出资者的意愿把资金用在指定的用途上，而形成了基金

图 2-1　从广义和狭义上划分基金

值得一提的是，我国的基金概念与国外的有很大区别。在国内那些不进行证券投资的基金，如福利基金、扶贫基金、社保基金等，也可以被称为基金。而要说到可以进行证券投资的基金则只投资证券，没有国外基金那么多样化。而且，在开放式基金大行其道的今天，很多情况下我国会禁止开放式基金。

在我国台湾和日本，由于翻译上的原因，一般称证券投资基金为"证券投资信托基金"。

在美国，基金就是指共同基金（Mutual Fund），除了投资证券之外，也投资黄金（或者其他贵重金属）、期货、期权和房地产等。

在英国、英联邦国家和地区、中国香港，基金（包括其对全球各地发行的海外共同基金）则称为单位信托基金（Unit Trust Fund），与美国的共同基金一样，其投资标的也相当多样化，不仅限于证券。

从前文基金的概念可以清楚地知道，投资基金是一种利益共享、实现保值增值、风险共担的集合投资制度，它有着三大基本原则，即共同投资、共享收益、共担风险。

因此，投资基金运用的是现代信托关系的机制，它通过基金的方式将众多投资者分散的资金集中起来以实现预期投资目的的投资。投资者可以从以下两个方面进行了解，如图 2-2 所示。

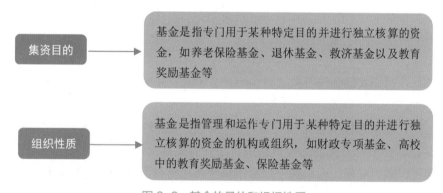

图 2-2　基金的目的和组织性质

基金的单位一般是"基金单位"，它指的是基金投资者认购基金的固定金额单位，也是投资者认购基金最低的投资金额。在基金初次发行时，将其基金总额划分为若干等额的整数份，每一份就是一个基金单位。初次发行结束后，基金单位均以其净资产值计价。基金资产净值（Net Asset Value，NAV）是指基金资产总值减去按照国家有关规定可以在基金资产中扣除的费用后的价值，是衡量一个基金经营情况好坏的主要指标。

2.1.2　基金的分类

基金的种类多种多样，根据不同的划分标准，可以将证券投资基金划分为不同的种类，下面就对不同种类的基金进行详细的解读。

1．根据运作方式不同划分

根据基金的运作方式不同，可以将其分为封闭式基金和开放式基金，如图2-3所示。

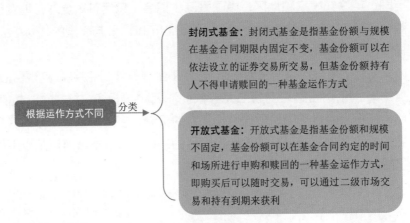

根据运作方式不同 —— 分类

封闭式基金：封闭式基金是指基金份额与规模在基金合同期限内固定不变，基金份额可以在依法设立的证券交易所交易，但基金份额持有人不得申请赎回的一种基金运作方式

开放式基金：开放式基金是指基金份额和规模不固定，基金份额可以在基金合同约定的时间和场所进行申购和赎回的一种基金运作方式，即购买后可以随时交易，可以通过二级市场交易和持有到期来获利

图 2-3　基金的按照运作方式不同分类

那么，封闭式基金与开放式基金有什么不同？主要有以下三点不同。

1）性质不同

封闭式基金是指基金规模在发行前已确定，在发行完毕后的规定期限内固定不变并在证券市场上交易的投资基金；而开放式基金是指份额可以随时改变，即购买后可以随时交易，可以通过二级市场交易和持有到期来获利的基金。

2）价格不同

封闭式基金因在交易所上市，其买卖价格受市场供求关系影响较大；而开放式基金的买卖价格是以基金单位的资产净值为基础计算的，可直接反映基金单位资产净值的高低。

3）买卖费用不同

在基金的买卖费用方面，投资者在买卖封闭式基金时与买卖上市股票一样，也要在价格之外支付一定比例的证券交易税和手续费；而开放式基金的投资者需缴纳的相关费用则包含于基金价格之中。一般买卖封闭式基金的费用要高于开放式基金。

2．根据组织形态不同划分

根据基金组织形态的不同，可以将其分为公司型基金和契约型基金。

公司型基金通常是通过发行基金股份成立投资基金公司的形式设立，投资者的权利主要体现在由法律所规范的基金合同条款上；契约型基金是由基金管理人、基金托管人和投资人三方通过基金契约设立，监督机制相对完善。举例来说，我国的证券投资基金均为契约型基金。

3. 根据投资对象不同划分

依照投资对象的不同，基金还可以分为股票型基金、债券型基金、货币市场基金和混合型基金，如图 2-4 所示。

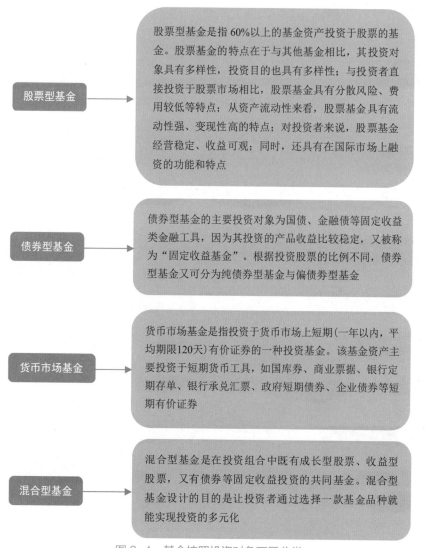

股票型基金

股票型基金是指 60%以上的基金资产投资于股票的基金。股票基金的特点在于与其他基金相比，其投资对象具有多样性，投资目的也具有多样性；与投资者直接投资于股票市场相比，股票基金具有分散风险、费用较低等特点；从资产流动性来看，股票基金具有流动性强、变现性高的特点；对投资者来说，股票基金经营稳定、收益可观；同时，还具有在国际市场上融资的功能和特点

债券型基金

债券型基金的主要投资对象为国债、金融债等固定收益类金融工具，因为其投资的产品收益比较稳定，又被称为"固定收益基金"。根据投资股票的比例不同，债券型基金又可分为纯债券型基金与偏债券型基金

货币市场基金

货币市场基金是指投资于货币市场上短期(一年以内，平均期限120天)有价证券的一种投资基金。该基金资产主要投资于短期货币工具，如国库券、商业票据、银行定期存单、银行承兑汇票、政府短期债券、企业债券等短期有价证券

混合型基金

混合型基金是在投资组合中既有成长型股票、收益型股票，又有债券等固定收益投资的共同基金。混合型基金设计的目的是让投资者通过选择一款基金品种就能实现投资的多元化

图 2-4 基金按照投资对象不同分类

以上这些基金类别如果综合它们的收益和风险考量，由高到低的顺序可以排列为：股票型基金、混合型基金、债券型基金、货币市场基金，即股票型基金的风险和收益最高，货币市场基金的风险和收益最低。

4．特殊类型基金

除了以上这些基金类别，市场上还存在特殊类型的基金，主要包括系列基金、保本基金、ETF与ETF联接基金、上市开放式基金、QDII基金、分级基金，具体信息如图2-5所示。

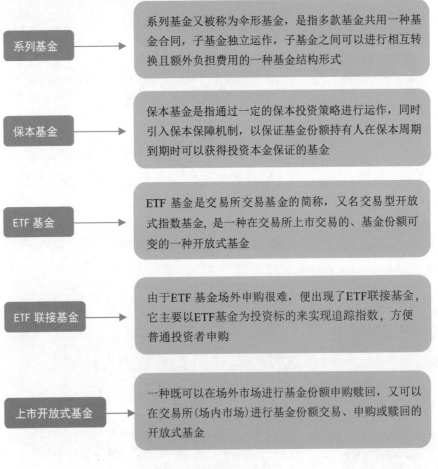

图2-5　特殊类型基金分类

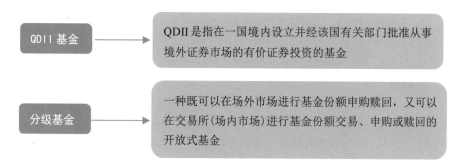

图2-5 特殊类型基金分类（续）

2.1.3 基金的运作与发行

在我国，担任基金托管人的是合格的金融机构，担任基金管理人的是专业的基金管理人。基金投资人享受证券投资带来的收益的同时，也需要自己承担投资亏损的风险。

1. 基金的运作

投资基金的运作流程一般可以分为3步，如图2-6所示。

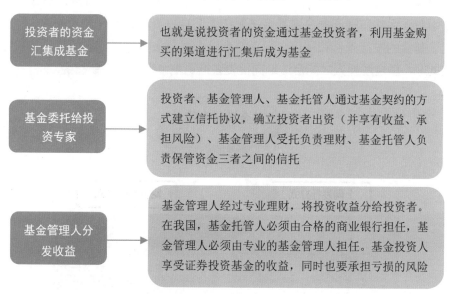

图2-6 投资基金的运作流程

投资基金的具体运作流程如图2-7所示。

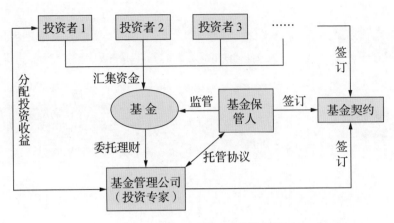

图 2-7　投资基金的具体运作流程

基金的运作包括基金的市场营销、基金的募集、基金的投资管理、基金资产的托管、基金份额的登记，以及其他基金运作活动在内的所有相关环节。

2．基金的发行

基金的发行又可以称为基金的募集。在国外，基金的发行主要有四种方式：直接销售发行、包销方式、销售集团方式和计划公司方式。

我国基金的发行主要有两种方式：上网发行和网下发行，如图 2-8 所示。并且《中华人民共和国证券投资基金法》和《证券投资基金运作管理办法》中明确规定了基金的发行条件和程序，只有符合这个发行条件和程序，获得国家主管部门的批准，基金发起人才能合法地向投资者推销基金单位、募集资金。

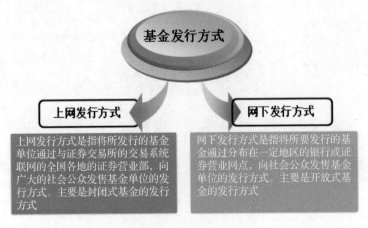

图 2-8　基金发行方式

3．基金的当事人

依据我国基金合同，在基金运作中设立了基金的当事人，它主要包括投资管理人、托管人和账户管理人，如图 2-9 所示。

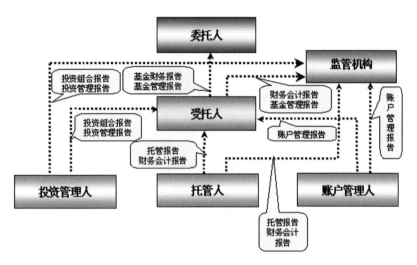

图 2-9　基金的当事人

2.2　什么是指数基金

在讲指数基金这个概念之前，先来了解一下什么是指数。在数学概念中，指数是幂运算 $a^n(a \neq 0)$ 中的一个参数，即"a^n"中的"n"这个参数。事实上，我们要说的指数基金中的"指数"是个经济学术语，与我们日常接触的数学意义上的指数没有关系。

在经济学概念中，从广义上可以这么理解指数——任何两个数值的相对数都可以称为指数；从狭义上来说，它指的是用于测定多个项目在不同场合下综合变动的一种特殊相对数。生活中最常见的指数是各种排行榜，这种排行榜反映出了某一类事物的联系和发展趋势。如图 2-10 所示为百度指数中的娱乐人物行业排行榜，反映的是娱乐人物在百度搜索中搜索量的高低关系。

图 2-10　百度指数之娱乐人物排行榜

2.2.1　指数基金概述

1. 指数基金的概念

指数基金追踪特定的指数为标的指数，并以该指数的成份股为投资对象，通过购买该指数的全部或部分成份股构建投资组合，以追踪标的指数表现的基金产品。

在指数基金概念中，可以简单地将指数基金理解为一种股票基金。但它和一般的股票基金所不同的是，它不依赖基金经理个人的投资理财能力，它依赖的是某个指数，而这个指数就是某个特定的选股规则。目前常见的指数有上证 50 指数、沪深 300 指数、中证 500 指数、恒生指数、标准普尔 500 指数、纳斯达克 100 指数等，如图 2-11 所示。

2. 指数基金的购买渠道

指数基金的购买渠道和基金的购买渠道是一样的，主要分为两种购买渠道，一种是场内购买，另一种是场外购买，如图 2-12 所示。

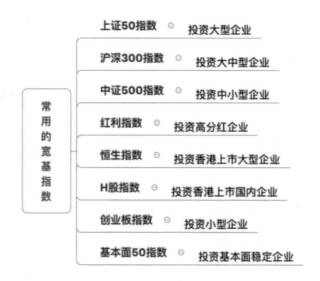

图 2-11　常见指数汇总表

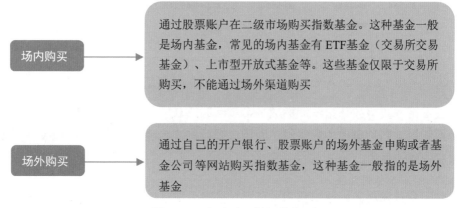

图 2-12　场内购买与场外购买

指数基金的具体购买渠道主要有以下四种，与基金的具体购买渠道相同。

1）去官网购买

指数基金是由基金公司开发上市发行的，可以选择去相应的基金公司官网查询购买。如图 2-13 所示为嘉实基金管理有限公司官网上可以购买的指数基金。这种购买渠道最大的优点是没有中间商赚差价，因此费率较低。但是缺点也很明显，相较于二级市场，去基金公司购买指数基金所选产品少，而且只能购买该公司旗下管理的指数基金。这就好比买衣服时去某品牌专卖店，只能买到该专卖店自有品牌的衣服一样。当然，在挑选指数基金时，应当注意其成立时间、规模等。

图 2-13　嘉实基金管理有限公司官网上可以购买的指数基金

2）去银行购买

去银行购买指数基金虽然指数基金赎回时间长，便利性和安全性高，但是交易费用却是这四种渠道中最贵的。而且，银行的基金经理一般推荐的基金都是回扣和提成高的基金。

3）去证券公司购买

相对于去银行购买指数基金来说，去证券公司购买指数基金比去银行手续费便宜，而且购买方法也很简单，如图 2-14 所示，只需要下载证券公司对应的官方 App，注册开户，选择对应的指数搜索基金代码下单即可。

除了手续费便宜外，从证券公司 App 上购买指数基金还有个好处，即可以搜索并购买 ETF 基金等场内基金，如图 2-15 所示。

4）去正规的第三方平台购买

第三方指数基金购买平台很多，常见的有支付宝的蚂蚁财富、微信的腾讯理财通、天天基金网、好买基金等。这些平台经常有各种指数基金入驻，而且从这些平台购买费率经常有折扣。如图 2-16 所示，从微信理财通买入易方达上证 50

指数 A 的申购费率原本为 1.5%，折扣后为 0.15%；从支付宝的蚂蚁财富买入天弘中证医药 100 指数 A 的费率原本为 1.00%，折扣后为 0.10%。

图 2-14　在银河证券 App 上购买指数基金

图 2-15　在银河证券 App 上购买 ETF 基金

　　从第三方平台买入除了操作简单、容易上手、安全性高之外，还可以在这些平台上制订自己的定投计划，如图 2-17 所示。

图 2-16　微信理财通（左）与支付宝蚂蚁财富（右）

图 2-17　微信理财通定投（左）、支付宝蚂蚁财富定投（右）

2.2.2　指数基金的分类

正如基金多种多样一般，指数基金也是多种多样，也可以按照不同的标准划分，常见分类如图 2-18 所示。

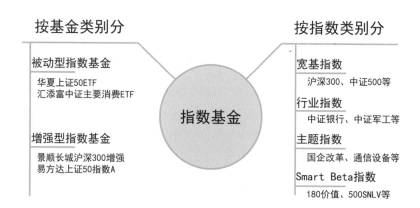

图 2-18　指数基金的常见分类

1. 根据基金类别不同划分

根据指数基金进行增强操作是否运用量化模型，可以将指数基金分为被动型指数基金和增强型指数基金，如图 2-19 所示。

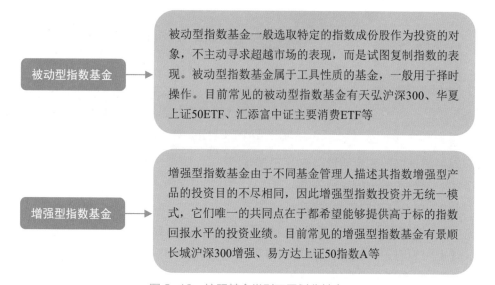

被动型指数基金一般选取特定的指数成份股作为投资的对象，不主动寻求超越市场的表现，而是试图复制指数的表现。被动型指数基金属于工具性质的基金，一般用于择时操作。目前常见的被动型指数基金有天弘沪深300、华夏上证50ETF、汇添富中证主要消费ETF等

增强型指数基金由于不同基金管理人描述其指数增强型产品的投资目的不尽相同，因此增强型指数投资并无统一模式，它们唯一的共同点在于都希望能够提供高于标的指数回报水平的投资业绩。目前常见的增强型指数基金有景顺长城沪深300增强、易方达上证50指数A等

图 2-19　按照基金类别不同划分基金

2. 根据指数类别不同划分

根据指数类别不同，可以将指数基金划分为宽基指数基金、行业指数基金、主题指数基金和 Smart Beta 指数基金，具体如图 2-20 所示。

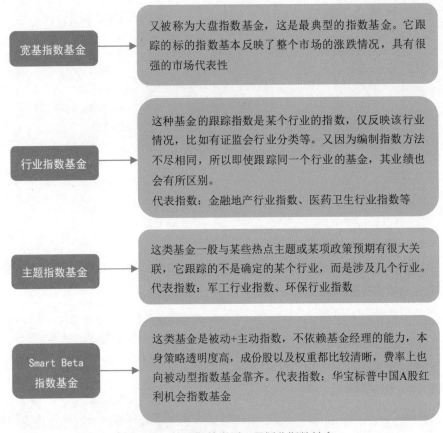

图 2-20　按照指数类别不同划分指数基金

其中宽基指数基金的特点有以下 5 点。

（1）含 10 个或更多个股票。

（2）单个成份股权重不超过 30%。

（3）权重最大的 5 个股票累计权重不超过指数的 60%。

（4）成份股平均日交易额超过 5 000 万美元。

（5）包含多个不同的行业种类。

其代表指数主要有四个，分别是沪深 300 指数、中证 500 指数、中证 100 指数和上证 50 指数。

3. 根据交易渠道不同划分

由前文可知，指数基金的交易渠道有两种，一种是场内渠道，另一种是场外渠道。因此，指数基金根据交易渠道的不同可以分为场内交易指数基金和场外交易指数基金，如图 2-21 所示。

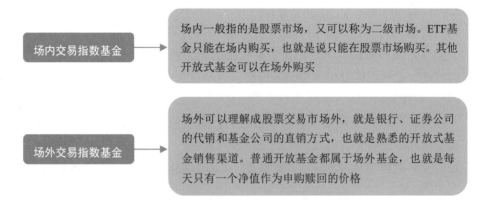

图 2-21 按照交易渠道不同划分指数基金

其实场内交易指数基金和场外交易指数基金本质上区别不大，它们之间最大的区别在于：场外交易指数基金品种丰富，可以定投扣款，对于投资者来说比较省心；场外交易指数基金流动性低，可以为投资者节省一笔费用。具体区别如下。

1) 购买渠道不同

这一点应该是这两类指数基金最本质的区别，场外交易指数基金通过银行柜台、券商、第三方销售平台购买，如同花顺、天天基金、蛋卷基金等。

场内交易指数基金通过股票账户认购。

2) 申购费率不同

申购费率又可以称为买入费率。一般来说，场外交易指数基金的申购费率是1%，但第三方平台（如微信的腾讯理财通、支付宝的蚂蚁财富等）多为一折购基，通过平台指定货币基金购买，甚至可免除申购费。

场内交易指数基金单笔费用取消最低 5 元限制，按客户与证券方签订的佣金费率执行。

3) 赎回费率不同

一般来说，场外交易指数基金持有时间小于 7 天，赎回费率为 1.5%；持有时间小于 3 个月，费率为 1.2%；持有 2 年以上免赎回费。

场内交易指数基金单笔取消最低 5 元限制，按客户与券商签订的佣金费率执行。

4) 价格变动不同

对于场外交易指数基金来说，它的价格相当于从基金公司处批发份额，每天只有一个价格，净值会在晚上 8:00~9:00 公布，避免了证券持有期间的心态波动，适合初级投资者投资。

场内交易指数基金的价格相当于在基金公司处零售份额，净值每 10 秒变动一次，操作方法同股票，可获得盘中瞬时出现的交易机会，但也面临着净值大起大落的波动，适合机构及资深投资者投资。

5）流动性不同

一般来说，场外交易指数基金连续三个月盘子低于 3000 万元将会被清盘，但在提交赎回申请后，可以按照相关流程赎回金额。

场内交易指数基金大部分流动性较差，可能存在挂单后无人买卖的情况。

2.2.3　指数基金的运作

指数基金的运作是通过购买指数的成份股或其他证券来跟踪指数的一个过程，其中主要前期步骤包括选择目标指数、构建投资组合等。具体的运作过程如图 2-22 所示。

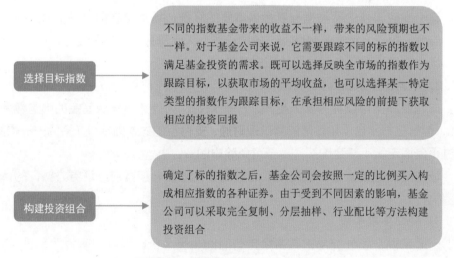

| 选择目标指数 | 不同的指数基金带来的收益不一样，带来的风险预期也不一样。对于基金公司来说，它需要跟踪不同的标的指数以满足基金投资的需求。既可以选择反映全市场的指数作为跟踪目标，以获取市场的平均收益，也可以选择某一特定类型的指数作为跟踪目标，在承担相应风险的前提下获取相应的投资回报 |

| 构建投资组合 | 确定了标的指数之后，基金公司会按照一定的比例买入构成相应指数的各种证券。由于受到不同因素的影响，基金公司可以采取完全复制、分层抽样、行业配比等方法构建投资组合 |

图 2-22　指数基金运作的前期步骤

完全复制是一种完全按照构成指数的各种证券以及相应的比例来构建投资组合的方法；而分层抽样和行业配比都是利用统计原理选择构成指数的证券中最具代表性的一部分证券而不是全部证券来构建基金的投资组合。

指数基金运作的后期步骤主要是成份股的调整，其中主要包括组合权重调整和误差监控调整，如图 2-23 所示。

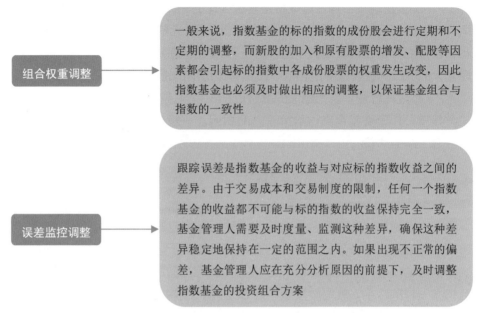

图 2-23　基金运作的后期步骤

2.2.4　指数基金的费用

基金投资过程中的费用主要有基金交易费用和基金运营费用两种，具体分析如图 2-24 所示。

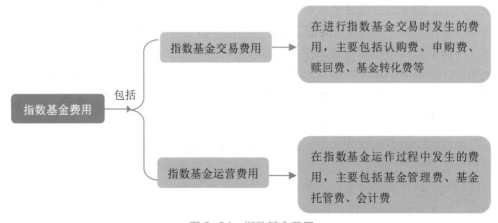

图 2-24　指数基金费用

在指数基金运营费用中，基金管理费和基金托管费比较难理解，下面介绍一下。

（1）基金管理费：基金管理费是基金公司的主要来源。在我国，主动型基金收取 1.5% 的管理费用，相当于现在持有 20 000 元的主动型基金，那么每年需要向该基金的开发公司缴纳其中的 1.5% 作为管理费，也就是 300 元。当然，那些规模大的指数基金收取费用更低，投资者该缴纳的管理率甚至在 0.6% 以下。

（2）基金托管费：因为庞大的基金资产不是直接存放于基金公司，而是转给第三方托管，托管费就是交付给第三方的费用。一般来说，我国的指数基金托管费用在 0.1%~0.14%。

2.2.5　指数基金的特点

通俗一点理解，指数基金是指按照某种指数构成的标准购买该指数包含的证券市场中的全部或者一部分证券的基金，其目的在于达到与该指数同样的收益水平。举例来说就是，某只以中证 500 指数为跟踪标的的基金，它想要达到和中证 500 指数一样的水平，就需要按照中证 500 指数编制出的构成及其权重来购买该指数的全部或部分股票。因此，这只指数基金的表现就和它所跟踪的中证 500 指数一样波动。

最适合刚入门的投资者小试牛刀的是指数基金，因为在今后一段时间里，甚至很长一段时间里，指数基金最大的特点就是低廉和延迟纳税。

1）费用低廉

这个应该是指数基金最大的优势了。在基金管理费用、基金交易成本和销售费用方面，由于指数基金是按照特定的规则和权重购买股票，这使得指数基金基本不用经常换股，从而大大降低了成本，节省了投资者的费用。

一般来说，指数基金费用比一般基金低 1%~3%，虽然这看起来是一个很小的百分比数字，但是由于投资基金基数大、长期定投与复利效应的影响，好比滚雪球一样，最终的费用差别很大。

2）分散风险

基金公司拥有雄厚的实力，加之指数基金可以同时分散投资于股票、债券以及现金等多种金融产品，这样就算某一种金融产品因市场波动出现了很大程度的风险损失，整体的指数基金也不至于出现太大的损失，分散了对个股集中投资的风险，加强了投资者的抗风险能力。

3）延迟纳税

指数基金和其他基金不一样的是，它采用的是购买并持有的策略，除非当某个公司的股票被从跟踪指数中剔除，或投资者想赎回投资时抛售基金，这时候才会出现换持的情况。因为指数基金的换持率低，所以投资者纳税少。加之存在定投和复利效应，延迟纳税给投资者带来的优势越发明显。

4）监控较少

正如大家所理解的那样，指数基金本身就是按照一定构成和权重来投资股票，它不需要基金管理公司对基金主动进行投资决策，只需要监控该只指数基金跟踪的标的指数的表现就行。

2.3　什么是股票指数

从前文我们已经了解了什么是指数，什么是指数基金，那么现在出现了新问题：指数对于指数基金而言有什么作用呢？

这里就需要回顾一下经济学概念上的指数，比如把某个明星人气飙升榜看成一个指数，从这个明星的人气可以看出他的粉丝涨跌情况。又如图 2-25 所示为某头条号后台每日粉丝增长图，从图中可以直观地看出该账号粉丝增长数量的趋势。

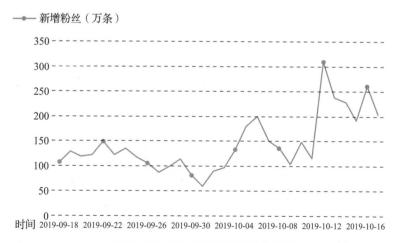

图 2-25　某头条号每日粉丝增长图

如果能很好地理解上面那两个例子，那也就能很好地理解股票指数了。可以设身处地想想，股票市场上那么多只股票，要怎样才能了解最基本的股票市场详情，比如怎样才能知道今天股票市场整体水平是涨了还是跌了？这个时候就需要"股票指数"了，可以通过股票指数的变化来感知股票市场的涨跌情形，进而评估整个股票市场。

2.3.1 股票指数的概念

股票指数是股票价格指数的简称，它的英文为 Stock Price Index，是由证券交易所或金融服务机构编制的表明股票行市变动的一种供参考的指示数字。

众所周知，股票投资是一种最常见的投资手段，能获得很高的回报。但是股票市场如战场，风云诡谲、变幻莫测，投资者在享受投资带来的高回报的同时，也必然要面临市场带来的巨大风险。投资者要想规避风险，首先需要了解所买入的股票价格变动情况。

如果是具体的单只股票，投资者还好应对，但是如果面临的是指数基金这类包含一篮子股票的投资方式，投资者就无法逐一了解。这个时候，某些金融服务机构就会利用自身的优势编制出股票指数，作为市场价格变动的一大参考。

比如，上证 50 指数是从上海证券交易所挑选的 50 只最具代表的股票样本组成的，它们综合反映了上海证券交易所的大盘企业整体涨跌情况。如图 2-26 所示为 2019 年 10 月 14 日至 10 月 18 日上证 50 指数的股票指数变化图。从图可知，这五天上证 50 指数的平均股价是 3011.75 点，从 2019 年 10 月 14 日起，上证 50 指数跌破 3011.75 点，直到 10 月 18 日才又略有回升的趋势。

以上所说的只是上证 50 指数在短短五天内的股票指数变化，下面来看看上证 50 指数的历史股票指数走势，这样能更看清上证 50 指数在历史上的涨跌情况，也可以据此大致猜测它短时间内的基本走势。如图 2-27 所示，上证 50 指数是从 2003 年 12 月 31 日上市的，上市时的平均股价是 1000 点，自 2008 年亚洲金融危机过后，上证 50 指数一路高歌，从 2008 年的 2249.37 点一直飙升到 2013 年的 3048.82 点，相较于上市时的 1000 点，提高了 2048.82 点，增幅超过 100%。

如果以特定时期的平均股价为 0，将这段时间的涨跌幅以图表的形式表现出来，就是一张涨跌幅图，如图 2-28 所示为 2017 年至 2018 年上证 50 指数涨跌幅图。

图 2-26　2019 年 10 月 14 日至 10 月 18 日上证 50 指数的股票指数变化图

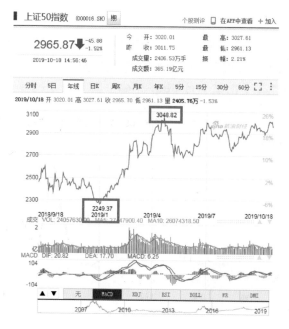

图 2-27　2007—2019 年上证 50 指数的股票指数变化图

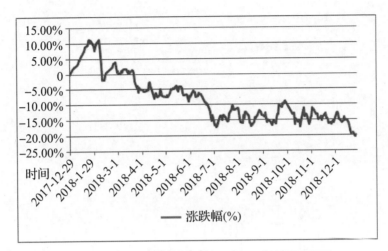

图 2-28　2017 年至 2018 年上证 50 指数涨跌幅图

前文已经提过，指数不是凭空产生的，它是由金融机构利用自身的优势开发出来的。国内有三大指数系列，上海证券交易所开发的上证系列指数（前文提过的上证 50 指数）、深圳证券交易所开发的深证系列指数（如沪深 300 指数）、中证指数有限公司开发的中证系列指数（如中证 500 指数）。

平时所说的上证 3000 点，指的不是上证 50 指数，而是上证综合指数，上证 50 指数反映的是在上海证券交易所上市的最具代表性的 50 只大盘股，而上证综合指数反映的是在上海证券交易所上市的股票的整体状况。如图 2-29 所示为上证综合指数自 1991 年上市至 2013 年的历史走势。

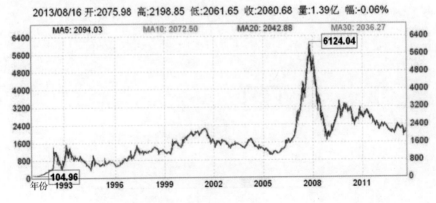

图 2-29　上证综合指数自 1991 年上市至 2013 年的历史走势

在中国香港，著名的指数开发金融机构是恒生指数公司，平时所听说的恒生指数就是这个公司开发的。如图 2-30 所示为恒生指数历史走势图。

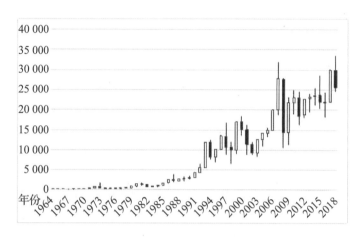

图 2-30　恒生指数历史走势图

世界上最著名的指数开发公司自然是美国的摩根士丹利资本国际公司（Morgan Stanley Capital International，MSCI），它编制开发的 MSCI 全球指数范围涵盖全球，是大型投资者对全球市场投资走向的重要参考指标。在这只股票指数中，包含的都是全球大型股票。如图 2-31 所示为 2010—2015 年上海综合指数与 MSCI 全球指数历史走势对比图。

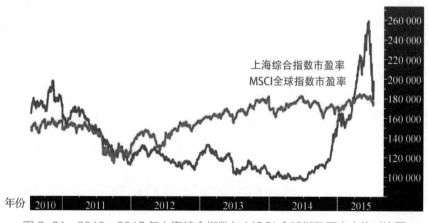

图 2-31　2010—2015 年上海综合指数与 MSCI 全球指数历史走势对比图

2.3.2 股票指数的计算

一般来说，计算股票指数时都会把股票指数和股价平均数分开计算。但是实际上股价平均数反映的是多只股票变动的一般水平，而股票指数是一个相对指标，因此就一个较长时期来说，股票指数比股票平均数更能精准地反映股市价格的变动。

1．为什么要计算股票平均数

在了解股价平均数怎么计算之前，先要弄清楚为什么要引入这个股价平均数概念。

原因其实很简单，如果指数开发机构计算指数中包含全部上市股票的价格平均数或指数，那么可想而知，这些工作多么艰巨而复杂。而且，更大的问题是，即使全部计算所有股票样本，有一些样本不具有典型性和代表性，即使从样本中删除也不影响整体的计算结果。

这时候，指数公司会采取最巧妙而又实用的方法——从上市股票中选择若干种极具代表性的样本股票，然后通过计算这些样本股票的价格平均数或指数，来表示整个市场的股票价格总趋势及涨跌幅度。

至于在计算样本时，需要注意的事项如图 2-32 所示。

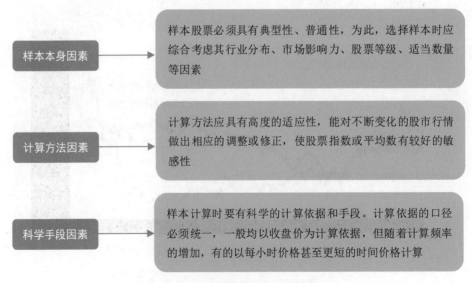

图 2-32　计算样本时需要注意的事项

2．怎么计算股价平均数

股票价格平均数简称股价平均数。那么，什么是股票价格平均数？可以用一句话来概括：股票价格平均数反映一定时点上市股票价格的绝对水平。从计算方法上来划分，可以将股票价格平均数分为三类，即简单算术股价平均数、修正的股价平均数和加权股价平均数。

股票价格平均数有什么作用？通过对股价平均数中不同时点股票价格平均数的比较，可以看出股票价格的变动情况及趋势，这对于普通投资者和刚入门的投资者来说，能轻松看懂指数基金的行情和走势。

当然，下面这些计算方法只是一个简单的概括，不需要死记金融机构计算股票价格平均数的具体算法和过程，只需要"知其然，知其所以然"，对股票价格平均数的计算做一个大致了解。这样不仅有助于更好地理解指数基金这个概念，还能明白指数基金中股价平均数这个名词。

1）简单算术股价平均数

道琼斯股价平均数是世界上第一个股票价格平均数，在 1928 年 10 月 1 日前它使用的就是简单算术股价平均数。它的计算方法很简单，就是用样本股票每日收盘价之和除以样本数，如图 2-33 所示。

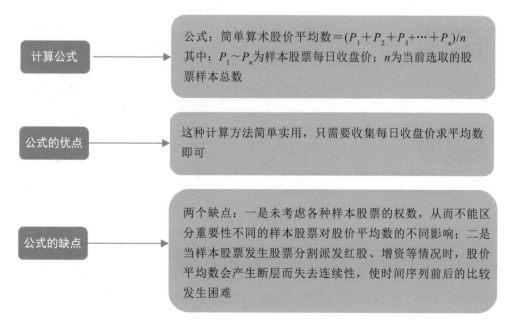

计算公式 → 公式：简单算术股价平均数 $= (P_1 + P_2 + P_3 + \cdots + P_n)/n$
其中：$P_1 \sim P_n$ 为样本股票每日收盘价；n 为当前选取的股票样本总数

公式的优点 → 这种计算方法简单实用，只需要收集每日收盘价求平均数即可

公式的缺点 → 两个缺点：一是未考虑各种样本股票的权数，从而不能区分重要性不同的样本股票对股价平均数的不同影响；二是当样本股票发生股票分割派发红股、增资等情况时，股价平均数会产生断层而失去连续性，使时间序列前后的比较发生困难

图 2-33　简单算术平均法

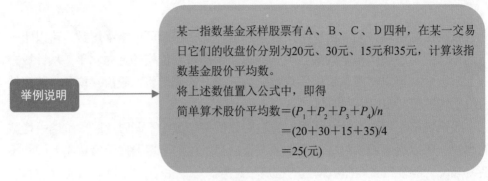

图 2-33　简单算术平均法（续）

2）修正的股价平均数

为了弥补简单算术股价平均数的缺点，后来出现了两种解决方法，一种是除数修正法，另一种是股价修正法。

1928 年 10 月 1 日之后，道·琼斯股价平均数舍弃了简单算术平均法，开始采用更加精确的除数修正法。其主要原因是为了修正因股票派发红股、增资、分割等情况给股价平均数带来的变化，以保持样本股票的连续性和可比性，具体如图 2-34 所示。

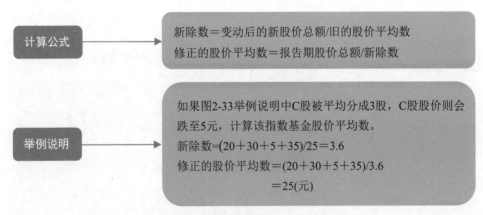

图 2-34　除数修正法

股价修正法是将因股票派发红股、增资、分割等情况影响下的股价还原为股价变动前的价格，使得股价平均数不再变化的方法。其中最有名的是美国《纽约时报》编制的 500 种股价平均数，与道·琼斯股价平均数不一样，它采用股价修正法来计算股价平均数，如图 2-35 所示。

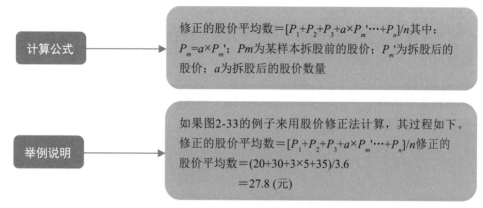

计算公式

修正的股价平均数＝[P_1+P_2+P_3+a×P_m'···+P_n]/n其中：P_m=a×P_m'；Pm为某样本拆股前的股价；P_m'为拆股后的股价；a为拆股后的股价数量

举例说明

如果图2-33的例子来用股价修正法计算，其过程如下。修正的股价平均数＝[P_1+P_2+P_3+a×P_m'···+P_n]/n修正的股价平均数＝(20+30+3×5+35)/3.6 ＝27.8 (元)

图 2-35　股价修正法

3）加权股价平均数

加权股价平均数是指在计算股价平均数时，不仅要考虑每只样本股票的股价，还要根据各种样本股票的相对重要性进行加权平均计算股价平均数，其权数可以是成交股数、股票总市值、股票发行量等。理论上权数的类型很多，但是，在实际应用中，对股价平均数影响最大的权数一般是成交股数和股票发行量。至于加权股价平均数的公式与例子，如图 2-36 所示。

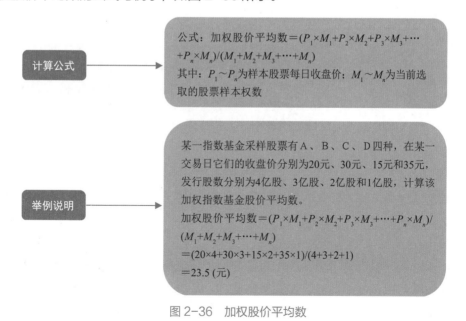

计算公式

公式：加权股价平均数＝(P_1×M_1+P_2×M_2+P_3×M_3+···+P_n×M_n)/(M_1+M_2+M_3+···+M_n)

其中：P_1～P_n为样本股票每日收盘价；M_1～M_n为当前选取的股票样本权数

举例说明

某一指数基金采样股票有A、B、C、D四种，在某一交易日它们的收盘价分别为20元、30元、15元和35元，发行股数分别为4亿股、3亿股、2亿股和1亿股，计算该加权指数基金股价平均数。

加权股价平均数＝(P_1×M_1+P_2×M_2+P_3×M_3+···+P_n×M_n)/(M_1+M_2+M_3+···+M_n)

＝(20×4+30×3+15×2+35×1)/(4+3+2+1)

＝23.5 (元)

图 2-36　加权股价平均数

3．怎么计算股票指数

股价平均数反映的是一定时间点上市股票价格的绝对水平，与之相对应的就是股票指数，它反映的是不同时间点上股价变动情况的相对指标。

1）相对法

相对法又被称为算术平均法，具体过程为先求出各个样本股票的股票指数，再加起来求算术平均数，其公式如图 2-37 所示。

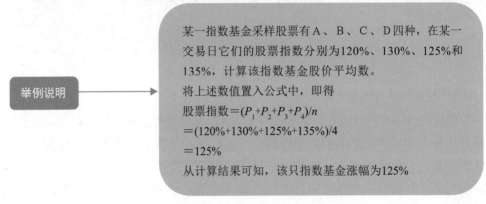

图 2-37　相对法举例

股票指数相对法的公式与股价平均数的公式类似，如图 2-38 所示。

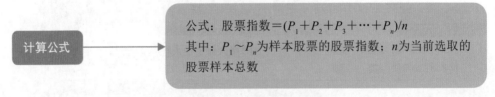

图 2-38　相对法公式

2）综合法

综合法是先将样本股票的基期股价和报告期股价分别加总，然后相比求出股票指数，如图 2-39 所示。

3）加权法

加权法是对各期样本股票的相对重要性进行考量，其中最重要的权数予以加权，其权数可以是成交股数、股票发行量等。从时间上来划分，权数可以分成基期权数和报告期权数。

其中以基期权数为权数的指数为斯拜尔指数，以报告期权数为权数的指数为派许指数。从概念上就能很好地区分这两个指数，斯拜尔指数注重的是股票的基期发行量，而派许指数注重的是股票的报告期发行量。

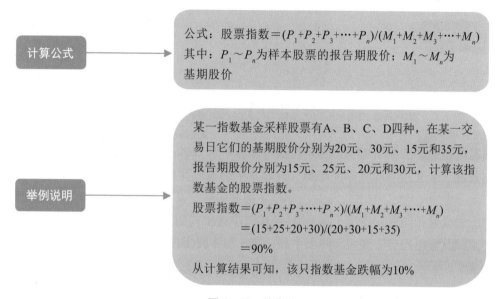

计算公式 → 公式：股票指数＝$(P_1+P_2+P_3+\cdots+P_n)/(M_1+M_2+M_3+\cdots+M_n)$
其中：$P_1\sim P_n$为样本股票的报告期股价；$M_1\sim M_n$为基期股价

举例说明 → 某一指数基金采样股票有A、B、C、D四种，在某一交易日它们的基期股价分别为20元、30元、15元和35元，报告期股价分别为15元、25元、20元和30元，计算该指数基金的股票指数。
股票指数＝$(P_1+P_2+P_3+\cdots+P_n\times)/(M_1+M_2+M_3+\cdots+M_n)$
　　　　＝$(15+25+20+30)/(20+30+15+35)$
　　　　＝90%
从计算结果可知，该只指数基金跌幅为10%

图 2-39　综合法

4．股票指数的编制

对于指数基金而言，它跟踪的股票指数很重要，但其编制过程是很复杂的。对于指数基金还没入门或者刚入门的投资者来说，只需要大概了解股票指数的编制过程和编制方法即可，因此图 2-40 采用的都是简化后的步骤。

不同指数基金的跟踪标的指数可能不一样，股票指数编制方法也不尽相同，其具体编制方法可以上官方网站查询，如图 2-41 所示为中证指数官方网站。

中证指数公司是由上海证券交易所和深圳证券交易所共同出资成立的，它曾编制出沪深 300 指数、上证 50 指数、上证红利指数等，是国内首屈一指的指数编制公司。进入中证官网后，单击"指数系列"栏，跳转至新页面后，可以选择自己想要了解的指数，如图 2-42 所示。

当然，也可以自己手动输入指数代码或指数名称查询，以上证 50 指数为例，如图 2-43 所示。

单击所要了解的指数，跳转至新页面后，可以看到左下角有"资料下载"栏，单击"编制方案"选项即可查阅该股票指数的编制方案，如图 2-44 所示。

除了查阅之外，还可以单击右上角的按钮，进行下载或打印，如图2-45所示。

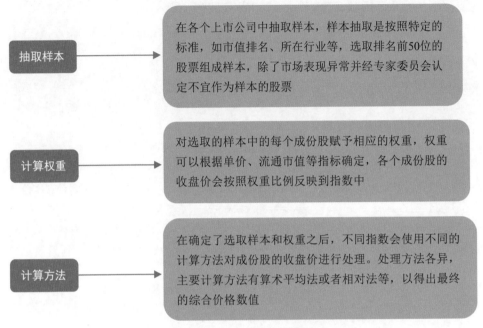

抽取样本 → 在各个上市公司中抽取样本，样本抽取是按照特定的标准，如市值排名、所在行业等，选取排名前50位的股票组成样本，除了市场表现异常并经专家委员会认定不宜作为样本的股票

计算权重 → 对选取的样本中的每个成份股赋予相应的权重，权重可以根据单价、流通市值等指标确定，各个成份股的收盘价会按照权重比例反映到指数中

计算方法 → 在确定了选取样本和权重之后，不同指数会使用不同的计算方法对成份股的收盘价进行处理。处理方法各异，主要计算方法有算术平均法或者相对法等，以得出最终的综合价格数值

图 2-40　股票指数的编制步骤

图 2-41　中证指数官方网站

图 2-42 选择自己想要了解的指数

为您找到相关指数1600个

指数代码	指数名称	成分股数量	最新收盘	1个月收益率(%)	资产类别	热点	地区覆盖	币种	是否定制	指数类别	发布时间
000001	上证指数	1531	2938.14	1.13	股票	--	境内	人民币	否	规模	1991-07-15
000002	A股指数	1482	3078.16	1.14	股票	--	境内	人民币	否	规模	1992-02-21
000003	B股指数	49	263.82	-2.53	股票	--	境内	美元	否	规模	1992-08-17
000004	工业指数	1017	2296.05	-0.08	股票	--	境内	人民币	否	行业	1993-05-03
000005	商业指数	145	2730.35	1.02	股票	--	境内	人民币	否	行业	1993-05-03
000006	地产指数	25	6643.38	3.86	股票	--	境内	人民币	否	行业	1993-05-03
000007	公用指数	123	4891.25	0.72	股票	--	境内	人民币	否	行业	1993-05-03
000008	综合指数	221	2870.87	2.72	股票	--	境内	人民币	否	规模	1993-05-03
000011	基金指数	171	6211.96	0.64	基金	--	境内	人民币	否	其他	2000-06-09
000010	上证180	180	8520.66	1.32	股票	--	境内	人民币	否	规模	2002-07-01
000012	国债指数	153	175.58	0.03	债券	--	境内	人民币	否	利率债	2003-01-02
000013	企债指数	4265	236.58	0.27	债券	--	境内	人民币	否	信用债	2003-06-09
000016	上证50	50	2963.18	2.26	股票	--	境内	人民币	否	规模	2004-01-02
000015	红利指数	50	2660.60	1.55	股票	红利/高股息	境内	人民币	否	主题	2005-01-04
000300	沪深300	300	3869.38	1.44	股票	--	境内	人民币	否	规模	2005-04-08
000017	新综指	1481	2481.92	1.14	股票	--	境内	人民币	否	规模	2006-01-04
000902	中证流通	3644	4498.02	1.13	股票	--	境内	人民币	否	规模	2006-02-27
000903	中证100	100	4143.18	1.72	股票	--	境内	人民币	否	规模	2006-05-29
000904	中证200	200	3725.90	0.78	股票	--	境内	人民币	否	规模	2007-01-15

图 2-43 手动输入指数代码或指数名称查询指数

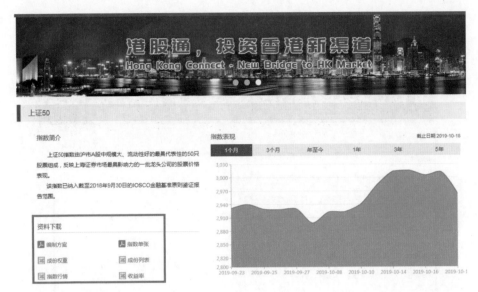

图 2-44　资料查阅

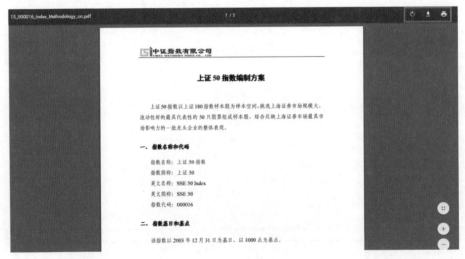

图 2-45　资料下载与打印

第 3 章

入门！
指数基金常见品种

学前提示

本章主要介绍四类最常见的宽基指数。一般来说，指数基金中宽基指数是最稳健的指数，它不仅编制得比较好，影响力比较大，而且被开发成指数基金的概率也比较高，盈利也更加持续和稳定。

要点展示

- 市值加权指数
- 红利指数
- 基本面指数
- 央视财经 50 指数

3.1　市值加权指数

市值加权指数是以股票市值作为权重计算出来的，它是一种以指数基金中每只成份股的流通数量乘以每只股票的股价为基础确定数值的股票指数，其计算公式如下：

$$O=\frac{\sum K \times L}{\sum P \times L} \times T$$

式中：O——市值加权指数；K——股价（考察期）；P——股价（基期）；

　　　　L——股体；T——基期指数值

3.1.1　上证 50 指数

上证 50 指数由上海证券交易所 A 股中规模大、流动性好的最具代表性的 50 只股票组成，它反映上海证券市场最具影响力的一批龙头公司的股票价格表现。如图 3-1 所示为上证 50 指数历史走势，从中可以看出它的总趋势是上涨的。

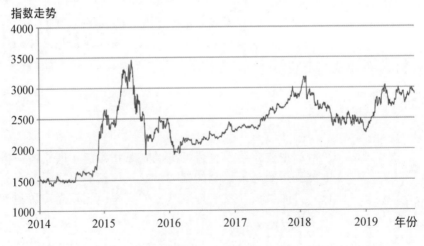

图 3-1　上证 50 指数的历史走势（数据来源：中证指数公司官网）

1. 指数概况

上证 50 指数简称为上证 50，指数代码是 000016，这个指数代码可以简单理解为指数的“身份证号码”，我们可以凭借指数代码在网上或股票软件上查询上证 50 指数的相关信息。如图 3-2 所示为在银河证券 App 上搜索 000016 所显示的内容。

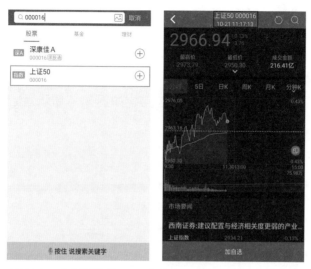

图 3-2　在银河证券 App 上搜索 000016 所显示的内容

上证 50 指数的行业权重分布如图 3-3 所示，从图中看出，在上证 50 指数中权重最大的是金融地产和主要消费行业，二者加起来，可以说占比超过 70%。

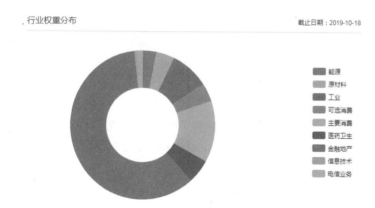

图 3-3　上证 50 指数的行业权重分布（数据来源：中证指数公司官网）

2．指数的特点

上证 50 指数是 2004 年 1 月 2 日发布的，从 1000 点开始起步，基准日期是 2003 年 12 月 31 日。其中 2004 年 1 月 2 日是指数的发布日期，它指的是上证 50 指数正式推向市场并可供投资者查询的日期。但是一般来说，指数公司会将指数往前推一段时间作为基准日期。比如，上证 50 指数就是以 2003 年 12 月 31 日作为基准日期的。那么，上证 50 指数具有哪些特点呢？

1）以大盘股为主

因为上证 50 指数的编制目的就是为了反映上海证券交易所的大盘股走势，因此上证 50 指数里包含的指数大多是大盘股，规模最小的都有 350 多亿，规模最大的是万亿级别的大公司，如中国平安等。如图 3-4 所示为上证 50 指数前十大股票及其股票代码。

十大权重股   截止日期:2019-10-18

代码	简称	行业	权重
601318	中国平安	金融地产	17.06
600519	贵州茅台	主要消费	10.37
600036	招商银行	金融地产	6.55
601166	兴业银行	金融地产	4.78
600276	恒瑞医药	医药卫生	4.58
600030	中信证券	金融地产	3.04
600887	伊利股份	主要消费	3.00
601328	交通银行	金融地产	2.70
600016	民生银行	金融地产	2.65
600000	浦发银行	金融地产	2.63

图 3-4　上证 50 指数前十大股票及其股票代码（数据来源：中证指数公司官网）

这种股票基本都是所在行业的龙头企业，关乎社稷民生的大公司发行的。这种长期稳定增长的、大型的、传统工业股及金融股又被称作"蓝筹股"。"蓝筹"一词来自西方赌场，在西方赌场中有三种颜色的筹码，其中蓝色筹码最为值钱。后来就借用蓝筹股来代表规模和影响力都很大的公司。

2）无法反映国内股市的整体走势

正如上证 50 指数本身这个概念一样，它选取的样本股票全部来自上海证券交易所，没有深圳证券交易所的股票。这个局限导致上证 50 指数不能作为反映国内股市整体走势的指数，而只能成为一只反映上海证券交易所大盘股的指数。如图 3-5 所示为部分上证 50 指数基金列表。

基金					
代码	基金名称	相关链接	代码	基金名称	相关链接
110003	易方达上证指数A	估算图 基金吧 档案	510050	华夏上证50ETF	估算图 基金吧 档案
001051	华夏上证50ETF联	估算图 基金吧 档案	510880	华泰柏瑞上证红利ET	估算图 基金吧 档案
000063	长盛电子信息主题灵活	估算图 基金吧 档案	470007	汇添富上证综合指数	估算图 基金吧 档案
001549	天弘上证50指数C	估算图 基金吧 档案	001548	天弘上证50指数A	估算图 基金吧 档案
399001	中海上证50指数增强	估算图 基金吧 档案	502048	易方达上证50指数分	估算图 基金吧 档案
050013	博时上证超大盘ETF	估算图 基金吧 档案	240016	华宝上证180价值联	估算图 基金吧 档案
257060	国联安上证商品ETF	估算图 基金吧 档案	590007	中邮上证380指数增	估算图 基金吧 档案
004746	易方达上证50指数C	估算图 基金吧 档案	040180	华安上证180ETF	估算图 基金吧 档案
110021	易方达上证中盘ETF	估算图 基金吧 档案	519686	交银上证180公司治	估算图 基金吧 档案
320014	诺安沪深300指数增	估算图 基金吧 档案	510660	华夏医药ETF	估算图 基金吧 档案
217017	招商上证消费80ET	估算图 基金吧 档案	100053	富国上证综指ETF联	估算图 基金吧 档案
240019	华宝中证银行ETF联	估算图 基金吧 档案	530010	建信上证社会责任ET	估算图 基金吧 档案
510230	国泰上证180金融E	估算图 基金吧 档案	502050	易方达上证50指数分	估算图 基金吧 档案

图 3-5　部分上证 50 指数基金列表

3.1.2　沪深 300 指数

　　沪深 300 指数由上海证券交易所和深圳证券交易所中市值大、流动性好的 300 只股票组成，综合反映中国 A 股市场上市股票价格的整体表现。如图 3-6 所示为沪深 300 指数的近年走势。

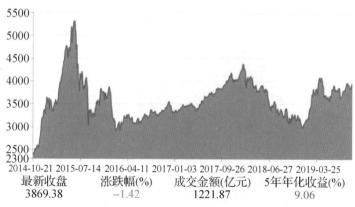

最新收盘	涨跌幅(%)	成交金额(亿元)	5年年化收益(%)
3869.38	−1.42	1221.87	9.06

图 3-6　沪深 300 指数的近年走势（数据来源：中证指数公司官网）

1．指数概况

　　沪深 300 指数简称为"沪深 300"，由中证指数公司开发。因为它同时在上海证券交易所和深圳证券交易所选取样本股票，所以它在上海证券交易所和深圳证券交易所各有一个指数代码，分别是 000300 和 399300。如图 3-7 所示为在银河证券 App 上分别搜索 000300 和 399300 所显示的内容。

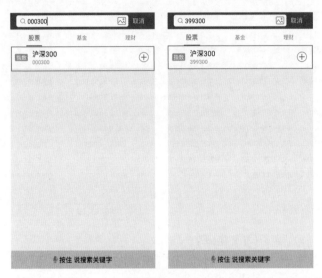

图 3-7　在银河证券 App 上分别搜索 000300 和 399300 所显示的内容

沪深 300 指数的上市交易所权重分布如图 3-8 所示。从图中可以看出，截至 2019 年下半年，在沪深 300 指数中，上海证券交易所股票占比 68.3%，深圳证券交易所股票占比 31.7%。

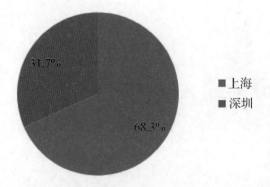

图 3-8　沪深 300 指数的上市交易所权重分布（数据来源：中证指数公司官网）

沪深 300 指数的行业权重分布如图 3-9 所示。从图中可以看出，截至 2019 年下半年，在沪深 300 指数中行业权重最大的是金融地产和主要消费行业，其中金融地产行业占比 38.1%，主要消费行业占比 12.9%。

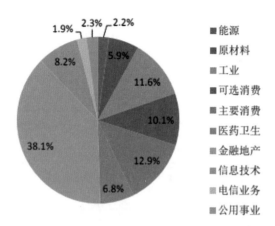

图 3-9　沪深 300 指数的行业权重分布（数据来源：中证指数公司官网）

2．指数的特点

沪深 300 指数是 2005 年 4 月 8 日正式发布的，它以 2004 年 12 月 31 日为基准日期，从 1000 点开始起步。它主要有以下几个特点。

1）以大盘股为主

沪深 300 指数与上证 50 最大的不同在于，沪深 300 指数兼顾上海证券交易所与深圳证券交易所的股票，而且指数行业分布状况基本与市场行业分布比例一致，它可以整体反映国内大盘股的整体走势。如表 3-1 所示为部分沪深 300 指数基金列表。

表 3-1　部分沪深 300 指数基金列表

基金名称	行业主要配置	1 年夏普指标	2015 年业绩 /%	同类排名
富国	制造业、金融业	1.16	16.03	1
国富	金融业、制造业	0.8	5.13	5
华夏	其他	0.9	5.67	4
嘉实	其他、金融业	0.88	3.91	10
易方达	其他	0.88	3.89	11
农银汇理	金融业、制造业	0.87	3.94	9
银华	金融业、制造业	0.52	-1.22	18

2）与上证 50 指数有重合

由于沪深 300 指数兼顾上海证券交易所与深圳证券交易所的股票，所以入选上证 50 指数的大盘股基本都入选了沪深 300 指数。如图 3-10 所示为沪深 300 指数前十大股票及其股票代码。

十大权重股

代码	名称	行业	上市交易所	市值(亿元)	权重
601318	中国平安	金融地产	上海	9429	7.61%
600519	贵州茅台	主要消费	上海	14446	4.66%
600036	招商银行	金融地产	上海	7169	2.89%
000651	格力电器	可选消费	深圳	3447	2.23%
601166	兴业银行	金融地产	上海	3642	2.06%
000858	五粮液	主要消费	深圳	5038	2.03%
600276	恒瑞医药	医药卫生	上海	3568	2.02%
000333	美的集团	可选消费	深圳	3545	2.00%
600030	中信证券	金融地产	上海	2212	1.43%
600887	伊利股份	主要消费	上海	1739	1.40%

图 3-10　沪深 300 指数前十大股票及其股票代码（数据来源：中证指数公司官网）

3.1.3　中证 500 指数

沪深 300 指数反映的是中国 300 家大盘股企业，但是剩下的几千家中型企业的表现怎么反映出来？于是乎，中证 500 指数应运而生。中证 500 指数与沪深 300 是互补的关系，它由全部 A 股中剔除沪深 300 指数成份股及总市值排名前 300 名的股票后，总市值排名靠前的 500 只股票组成，综合反映中国 A 股市场中一批中小市值公司的股票价格表现。如图 3-11 所示为中证 500 指数的近年走势。

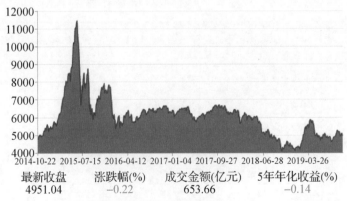

最新收盘	涨跌幅(%)	成交金额(亿元)	5年年化收益(%)
4951.04	−0.22	653.66	−0.14

图 3-11　中证 500 指数的近年走势（数据来源：中证指数公司官网）

1. 指数概况

中证 500 指数是 2004 年 12 月 31 日从 1000 点开始的，其简称为"中证500"，在上海证券交易所的指数代码是 000905，在深圳证券交易所的指数代码是 399905。如图 3-12 所示为在银河证券 App 上分别搜索 000905 和 399905 所显示的内容。

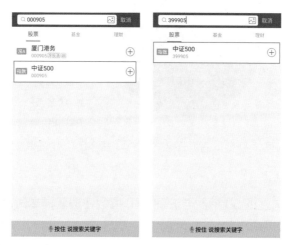

图 3-12　在银河证券 App 上分别搜索 000905 和 399905 所显示的内容

中证 500 指数的上市交易所权重分布如图 3-13 所示。从图中可以看出，截至 2019 年下半年，在中证 500 指数中，47% 的股票样本选自上海证券交易所，53% 的股票样本选自深圳证券交易所。

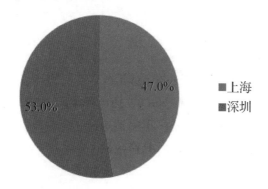

图 3-13　中证 500 指数的上市交易所权重分布（数据来源：中证指数公司官网）

中证 500 指数的行业权重分布如图 3-14 所示。从图中可以看出，截至

2019 年下半年，在中证 500 指数中行业权重最大的是工业、信息技术和原材料行业，三者总占比超过 50%。

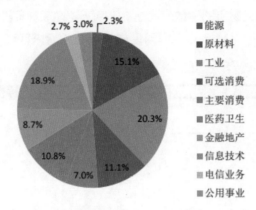

图 3-14　沪深 300 指数的行业权重分布（数据来源：中证指数公司官网）

2. 指数的特点

前文已经提过，上证 50 指数与沪深 300 指数在选取样本时都是选的大盘股，而中证 500 指数是以中小型上市公司为主，与上证 50 指数、沪深 300 指数重合度很低，算是一个互补的指数。如图 3-15 所示为中证 500 指数前十大股票及其股票代码。

代码	名称	行业	上市交易所	市值(亿元)	权重
002463	沪电股份	信息技术	深圳	423	0.78%
600183	生益科技	信息技术	上海	568	0.74%
000860	顺鑫农业	主要消费	深圳	387	0.71%
600745	闻泰科技	电信业务	上海	450	0.71%
002405	四维图新	信息技术	深圳	319	0.67%
600872	中炬高新	主要消费	上海	338	0.62%
000066	中国长城	信息技术	深圳	379	0.60%
600201	生物股份	医药卫生	上海	219	0.57%
002049	紫光国微	信息技术	深圳	310	0.57%
600536	中国软件	信息技术	上海	355	0.56%

十大权重股

图 3-15　中证 500 指数前十大股票及其股票代码（数据来源：中证指数公司官网）

3.1.4　中证 100 指数

前文已经说过，上证 50 指数只挑选上海证券交易所的 50 只大盘蓝筹股。

而中证 100 指数不一样的是，它直接在沪深 300 指数成份股中挑选规模最大的 100 只股票，以综合反映中国 A 股市场中最具市场影响力的一批超大市值公司的股票价格表现。如图 3-16 所示为中证 100 指数的近年趋势。

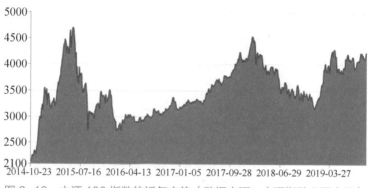

图 3-16　中证 100 指数的近年走势（数据来源：中证指数公司官网）

1. 指数概况

中证 100 指数是 2006 年 5 月 29 日正式发布的，其简称为"中证 100"，在上海证券交易所的指数代码是 000903，在深圳证券交易所的指数代码是 399903。如图 3-17 所示为在银河证券 App 上分别搜索 000903 和 399903 所显示的内容。

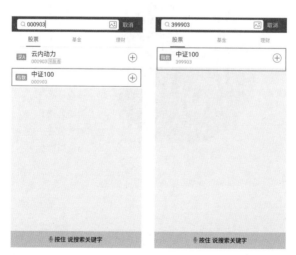

图 3-17　在银河证券 App 上分别搜索 000903 和 399903 所显示的内容

中证 100 指数的上市交易所权重分布如图 3-18 所示。从图中可以看出，截至 2019 年下半年，在中证 100 指数中，75% 的股票样本选自上海证券交易所，25% 的股票样本选自深圳证券交易所。可见，上海证券交易所的股票占了中证 100 指数中的大部分股票，从这个比例还可以看出，在上海证券交易所上市的蓝筹股肯定也多于深圳证券交易所。

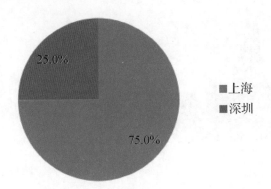

图 3-18　中证 100 指数的上市交易所权重分布（数据来源：中证指数公司官网）

中证 100 指数的行业权重分布如图 3-19 所示。从图中可以看出，截至 2019 年下半年，在中证 100 指数中行业权重最大的是金融地产，占比达 48%。

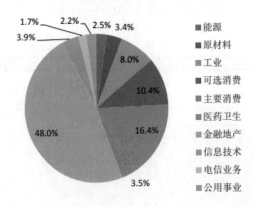

图 3-19　中证 100 指数的行业权重分布（数据来源：中证指数公司官网）

2. 指数的特点

与上证 50 指数只有上海证券交易所的股票不一样的是，中证 100 指数的样本股票是全市场中最具竞争力的大型上市公司的股票，因此它的市盈率、市净率等指标均大大优于全市场状况，盈利稳定性也强于全市场。如图 3-20 所示为中证 100 指数前十大股票及其股票代码。

十大权重股

代码	名称	行业	上市交易所	市值(亿元)	权重
601318	中国平安	金融地产	上海	9429	10.91%
600519	贵州茅台	主要消费	上海	14446	6.68%
600036	招商银行	金融地产	上海	7169	4.15%
000651	格力电器	可选消费	深圳	3447	3.19%
601166	兴业银行	金融地产	上海	3642	2.95%
000858	五粮液	主要消费	深圳	5038	2.91%
600276	恒瑞医药	医药卫生	上海	3568	2.89%
000333	美的集团	可选消费	深圳	3545	2.87%
600030	中信证券	金融地产	上海	2212	2.05%
600887	伊利股份	主要消费	上海	1739	2.01%

图 3-20　中证 100 指数前十大股票及其股票代码（数据来源：中证指数公司官网）

3.1.5　创业板指数

我们平时所说的股票指的是在上海证券交易所和深圳证券交易所上市的股票，它们大多在主板上市交易，是资本市场的重要组成部分，在很大程度上直观地反映了社会经济状况，被称为"国民经济的晴雨表"。

然而在主板上市是一件相对困难的事情，在营业期限、股本大小、盈利水平、最低市值等方面的要求较高，一些小公司或者初创公司盈利不理想，难以达到主板上市的条件，这时候就需要创业板市场来过渡。

1.创业板综指

围绕创业板市场开发出了两个相关的指数，一个是创业板综合指数，另一个是创业板指数。如图 3-21 所示为创业板综合指数历史走势与市盈率图。

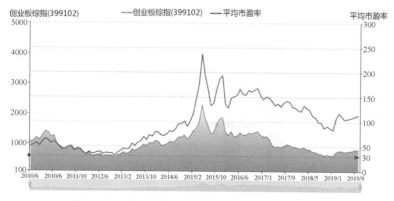

图 3-21　创业板综合指数的历史走势与市盈率图

创业板综合指数简称为"创业板综"，以 2010 年 5 月 31 日为基准日期，指数从 1000 点起步，包括创业板 500 多家企业，指数代码为 399102。如图 3-22 所示为在银河证券 App 上搜索 399102 所显示的内容。

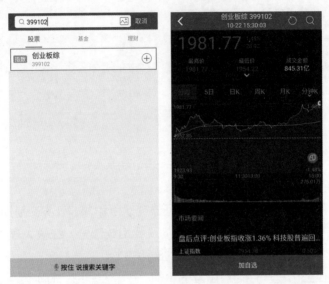

图 3-22　银河证券 App 上搜索 399102 所显示的内容

创业板综的行业权重分布如图 3-23 所示。我们可以从图中看出，截至 2020 年下半年，在创业板综中行业权重最大的是制造业和信息技术，其成交金额分别是 1603.38 亿元和 402.42 亿元。

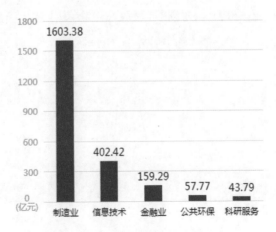

图 3-23　创业板综的行业权重分布

2. 创业板指数

创业板综合指数是为了衡量创业板上所有的上市公司的股价平均表现而设立，而创业板指数是为了衡量其中最重要的 100 只规模最大、流动性最好的股票而设立。如图 3-24 为创业板指数的历史趋势。

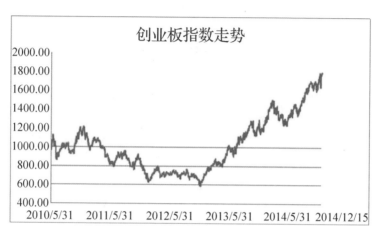

图 3-24　创业板指数的历史趋势

创业板指数简称为"创业板指"，是深圳证券交易所于 2010 年 6 月 1 日正式发布的指数，其基准日期为 2010 年 5 月 31 日，指数从 1000 点起步，指数代码为 399006。如图 3-25 所示为在银河证券 App 上搜索 399006 所显示的内容。

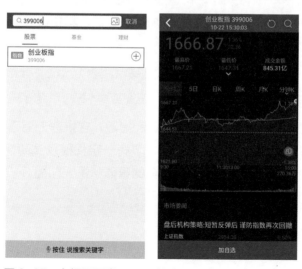

图 3-25　在银河证券 App 上搜索 399006 所显示的内容

创业板指的行业权重分布如图 3-26 所示。从图中可以看出，截至 2019 年下半年，在创业板指中行业权重最大的依次是医药生物、计算机、电子与传媒行业，加起来占比超过一半。

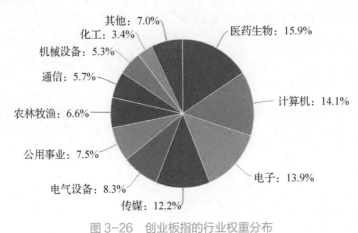

图 3-26　创业板指的行业权重分布

3.2　红利指数

市值加权指数我们好理解，简单说就是在指数中股票的规模越大，那么它所占的权重也越大。策略加权采用非市值加权的方式，而是基于成份股的分红高低、资本回报率、股票的成长性和现金流等加权。当然，其中最典型就是基于成份股的分红高低的红利指数和基本面指数。

3.2.1　上证红利指数

上证红利指数是最出名和最悠久的红利指数，它挑选上海证券交易所过去两年内平均现金股息率高、分红比较稳定、具有一定规模及流动性的 50 只股票作为样本，以反映上海证券市场高红利股票的整体状况。如图 3-27 所示为其历史走势。

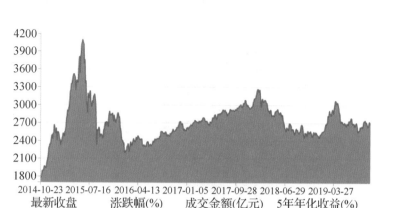

最新收盘	涨跌幅(%)	成交金额(亿元)	5年年化收益(%)
2676.53	0.18	124.80	7.28

图 3-27　上证红利指数的历史走势（数据来源：中证指数公司官网）

1. 指数概况

上证红利指数于 2005 年 1 月 4 日正式发布，其基准日期为 2004 年 12 月 31 日，指数从 1000 点起步，指数代码为 000015。如图 3-28 所示为在银河证券 App 上搜索 000015 所显示的内容。

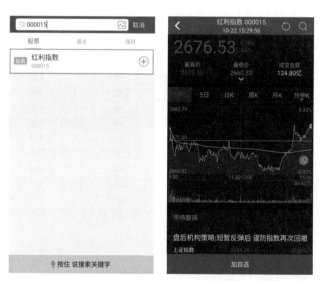

图 3-28　在银河证券 App 上搜索 000015 所显示的内容

上证红利指数的行业权重分布如图 3-29 所示。从图中可以看出，截至 2019 年下半年，在上证红利指数中行业权重最大的是金融地产、可选消费和能源行业，加起来占比 57%。

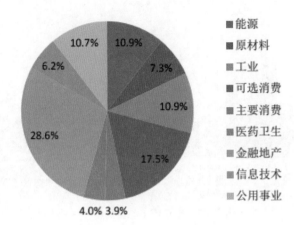

图 3-29　上证红利指数的行业权重分布（数据来源：中证指数公司官网）

2．指数的特点

上证红利指数与上证 50 指数有几点相似之处。首先，它们的股票样本都来自上海证券交易所；其次，它们都只投资了 50 只股票；第三，都是以大盘蓝筹股为主。如图 3-30 所示为上证红利指数前十大股票及其股票代码。

十大权重股

代码	名称	行业	上市交易所	市值(亿元)	权重
601088	中国神华	能源	上海	3097	6.86%
600664	哈药股份	医药卫生	上海	96	3.99%
600183	生益科技	信息技术	上海	568	3.31%
603328	依顿电子	信息技术	上海	110	2.89%
600383	金地集团	金融地产	上海	521	2.65%
600741	华域汽车	可选消费	上海	741	2.60%
600376	首开股份	金融地产	上海	209	2.53%
600873	梅花生物	主要消费	上海	134	2.49%
600028	中国石化	能源	上海	4797	2.47%
600900	长江电力	公用事业	上海	4011	2.43%

图 3-30　上证红利指数前十大股票及其股票代码

3.2.2　中证红利指数

中证红利指数由中证红利指数公司编制，从上海证券交易所和深圳证券交易所挑选 A 股中现金股息率高、分红比较稳定、具有一定规模及流动性的 100 只股票作为股票样本，以股息率作为权重分配依据，反映 A 股市场高红利股票的整体表现。如图 3-31 所示为中证红利指数的历史走势。

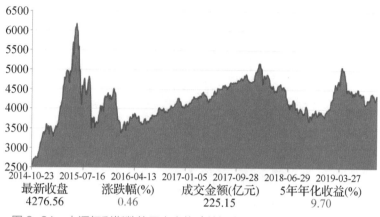

最新收盘	涨跌幅(%)	成交金额(亿元)	5年年化收益(%)
4276.56	0.46	225.15	9.70

图 3-31　中证红利指数的历史走势（数据来源：中证指数公司官网）

1. 指数概况

中证 500 指数是 2004 年 12 月 31 日从 1000 点开始的，在上海证券交易所的指数代码是 000922，在深圳证券交易所的指数代码是 399922。如图 3-32 所示为在百度网站分别搜索 000922 和 399922 所显示的内容。

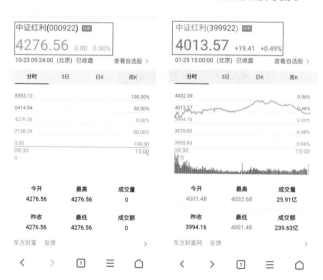

图 3-32　在百度网站分别搜索 000922 和 399922 所显示的内容

中证红利指数的上市交易所权重分布如图 3-33 所示。从图中可以看出，截

至 2019 年下半年，在中证红利指数中，上海证券交易所股票占所抽股票样本的
61.2%，深圳证券交易所股票占所抽股票样本的 38.8%。

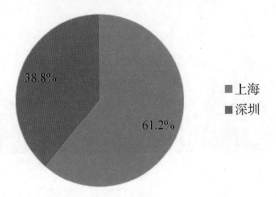

图 3-33　中证红利指数的上市交易所权重分布（数据来源：中证指数公司官网）

　　中证红利指数的行业权重分布如图 3-34 所示。从图中可以看出，截至 2019
年下半年，中证红利指数中行业权重最大的依次是金融地产、信息技术和工业行业，
其中金融地产行业占比最高，为 24.7%。

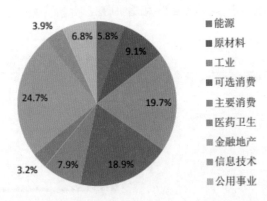

图 3-34　中证红利指数的行业权重分布（数据来源：中证指数公司官网）

2．指数的特点

　　相对于只从上海证券交易所遴选股票的上证红利指数而言，中证红利指数除
了从上海证券交易所遴选股票外，还从深圳证券交易所遴选股票。因此，中证红
利指数覆盖面广，供投资者挑选的高分红股票更多。如图 3-35 所示为中证红利
指数基金列表。

相关产品   更多>>

产品名称	产品类型
富国天鼎中证指数增强	指数基金
大成中证红利指数	指数基金
万家中证红利指数 (LOF)	LOF
大成中证红利指数C	指数基金

图 3-35　中证红利指数基金列表（数据来源：中证指数公司官网）

3.2.3　红利机会指数

红利机会指数是美国标普公司围绕 A 股开发的红利指数，与上证红利指数、中证红利指数不同的是，它的遴选指标更严格，主要分为以下四点。

（1）该股票过去三年盈利增长必须为正增长；

（2）该股票过去 12 个月的净利润必须为正增长；

（3）该指数中每只股票权重不超过 3%，单个行业权重不超过 33%；

（4）入选的股票按照股息排名，遴选出股息率最高的前 100 只股票。

这样做的好处在于可以将盈利为负增长、净利润为负增长的股票排除在外，将某些比重过高的行业过滤，给投资者带来更高的分红能力和更稳定的投资收益。如图 3-36 所示为红利机会指数的历史增长趋势。

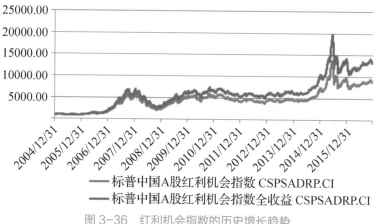

图 3-36　红利机会指数的历史增长趋势

1．指数概况

红利机会指数是一只 A 股红利策略指数，覆盖了在中国上市的普通股票，其主要目的是为投资者提供在中国投资高红利率股票的机会，并满足他们多元化和稳定性的投资需求。

红利机会指数的全名为标普中国 A 股红利机会指数（S&P China A Share Dividend Opportunities Index），由国际知名指数公司——标普公司开发，因而其指数代码与前文提到的国内策略加权指数的全数字指数代码不一样，它的代码是全英文的——CSPSADRP。如图 3-37 所示为在 Google 与雪球官网上搜索指数代码 CSPSADRP 所显示的信息。

图 3-37　在 Google 与雪球官网上搜索指数代码 CSPSADRP 所显示的信息

红利机会指数的行业权重分布如图 3-38 所示。从图中可以看出，红利机会指数中行业权重最大的依次是金融、可选消费和公用事业行业，分别占比 25%、24% 和 18%。

2．指数的特点

红利指数之所以为红利指数，就是因为其中包含的股票都具有一个共同点——极高的股息率。那么红利指数中的翘楚红利机会指数又具有哪些特点呢？

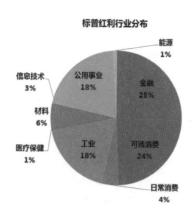

图 3-38 红利机会指数的行业权重分布

1）股息率高

一般来说，上市公司每年都会从盈利中分出一部分，通过现金分红分发给股东。由于红利指数存在股息率高的特点，所以现金分红不会受到股价涨跌的影响。

2）公司运行良好

遴选红利机会指数的指标中其中有一条为"该股票过去三年盈利增长必须为正增长"。从这一点来说，一个能长期发放现金分红的公司，有极大概率是盈利的，它的公司从财务到管理必须运行良好，才有现金分红继续下去的条件。

3）现金流分红

红利机会指数投资的本来就是高分红企业，投资者因此也能获得不少的基金分红，当然有些指数基金分红是直接归入基金净值中，相当于让投资者进行再次投资。

3.3 基本面指数

前文已经提过，策略加权指数分为两种，一种是红利指数，另一种是基本面指数。它一般是从公司的营业收入、现金流、净资产和分红这四个维度去挑选股票，其中最出名的莫过于中证基本面 50 指数。

3.3.1 中证锐联基本面 50 指数

中证锐联基本面 50 指数是中证指数与锐联资产合作开发的首只内地基本面

指数。它以营业收入、现金流、净资产、分红这四个基本面指标来衡量的经济规模最大的 50 家 A 股上市公司作为样本，其历史趋势如图 3-39 所示。

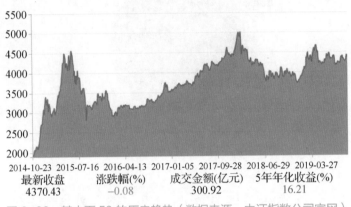

图 3-39　基本面 50 的历史趋势（数据来源：中证指数公司官网）

1．指数概况

中证锐联基本面 50 指数简称"基本面 50"，它的指数点是 2004 年 12 月 31 日从 1000 点开始，在上海证券交易所的指数代码是 000925，在深圳证券交易所的指数代码是 399925。如图 3-40 所示为在东方财富网站上分别搜索 000925 和 399925 所显示的内容。

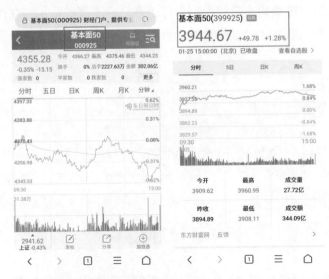

图 3-40　在东方财富网站上分别搜索 000925 和 399925 所显示的内容

基本面 50 的上市交易所权重分布如图 3-41 所示。从图中可以看出，截至 2019 年下半年，在中证红利指数中，上海证券交易所股票占所抽股票样本的 88.2%，深圳证券交易所股票占所抽股票样本的 11.8%。

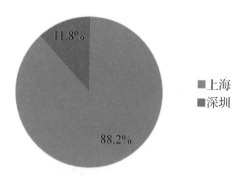

图 3-41　基本面 50 的上市交易所权重分布（数据来源：中证指数公司官网）

基本面 50 的行业权重分布如图 3-42 所示。从图中可以看出，截至 2019 年下半年，在基本面 50 中行业权重最大的是金融地产，占比 59%。

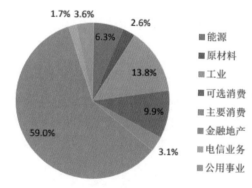

图 3-42　基本面 50 的行业权重分布（数据来源：中证指数公司官网）

2．指数的特点

我们先从概念上来分析，经济规模最大的 50 家 A 股上市公司本身就是大盘蓝筹股，而基本面 50 是综合它们的营业收入、现金流、净资产、分红这四个基本面指标来衡量，这样挑选出的股票明显要比上证 50 指数的更全面、更均衡。如图 3-43 所示为跟踪基本面 50 首只指数基金——嘉实基本面 50 指数。

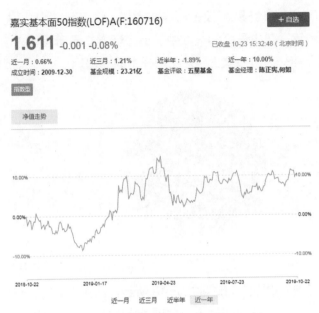

图 3-43　嘉实基本面 50 指数的相关信息

3.3.2　深证基本面 60 指数

深证基本面 60 指数，从它的名称就可以看出它是以深圳证券市场 A 股为样本空间的，然后从中挑选出基本面价值最大的 60 家上市公司作为样本。其中四个财务指标不仅用来衡量基本面价值，还决定了样本股票的权重。如图 3-44 所示为深证基本面 60 指数的历史趋势。

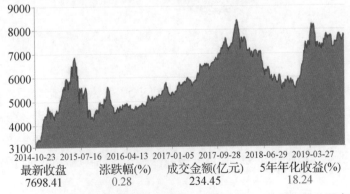

图 3-44　深证基本面 60 指数的历史趋势（数据来源：中证指数公司官网）

1. 指数概况

深证基本面60指数简称为"深证F60"，它的基准日期是2002年12月31日，指数从1000点起步，在深圳证券交易所的代码是399701。如图3-45所示为在银河证券App上搜索399701所显示的信息。

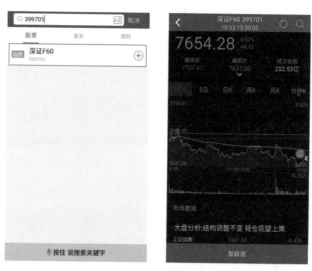

图3-45 在银河证券App上搜索399701所显示的信息

深证F60指数的行业权重分布如图3-46所示。从图中可以看出，深证F60指数中行业权重最大的依次是金融地产和信息技术行业，占比分别为30.6%、28.6%。

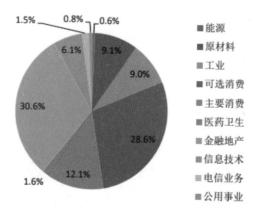

图3-46 深证F60指数的行业权重分布（数据来源：中证指数公司官网）

2．指数的特点

按照深证 F60 的编制方法来看，遴选出来的无疑是深圳证券交易所的大企业股票，其权重高的股票长期收益还算可观，但是由于它遴选的只有深圳证券交易所上市的股票，不能直观反映市场基本面价值最大的 60 家上市公司的整体状况。如图 3-47 所示为深证 F60 权重最大的 10 个公司。

代码	简称	行业	权重
000651	格力电器	可选消费	10.74
000333	美的集团	可选消费	8.10
000001	平安银行	金融地产	7.71
000002	万科A	金融地产	7.35
000858	五粮液	主要消费	3.51
000725	京东方A	信息技术	3.29
000100	TCL集团	可选消费	3.26
000338	潍柴动力	工业	3.00
300498	温氏股份	主要消费	2.88
002142	宁波银行	金融地产	2.51

图 3-47　深证 F60 权重最大的 10 个公司（数据来源：中证指数公司官网）

3.3.3　上证 50 基本面指数

上证 50 基本面指数与上证 50 指数有很大关联，前者基于后者的指数样本股票。不过，上证 50 基本面指数为了打破股票样本市值与其权重之间的关联，避免出现过多配置高估股票的现象，于是以财务指标衡量的基本面价值来分配样本股的权重。如图 3-48 所示为上证 50 基本面指数的历史趋势。

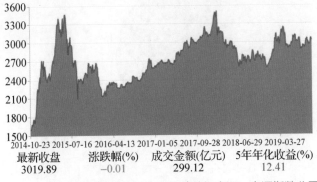

图 3-48　上证 50 基本面指数的历史趋势（数据来源：中证指数公司官网）

1. 指数概况

上证 50 基本面指数简称为"50 基本"，它的基准日期是 2003 年 12 月 31 日，指数从 1000 点起步，在深圳证券交易所的代码是 000052。如图 3-49 所示为在银河证券 App 上搜索 000052 所显示的信息。

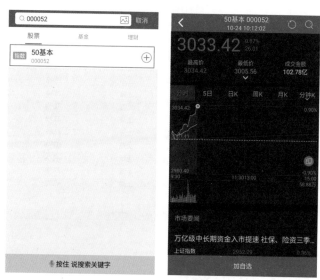

图 3-49　在银河证券 App 上搜索 000052 所显示的信息

上证 50 基本面指数的行业权重分布如图 3-50 所示。从图中可以看出，上证 50 基本面指数中行业权重最大的是金融地产行业，其占比为 63.44%。据此，我们可以得出的结论是我国大盘股指数的最大特点是金融地产占比极高。

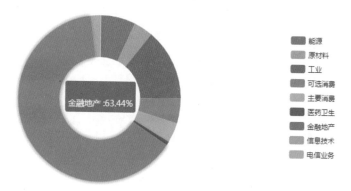

图 3-50　上证 50 基本面指数的行业权重分布（数据来源：中证指数公司官网）

2．指数的特点

上证 50 基本面指数虽然是基于上证 50 指数，但是二者采取的权重完全不同，上证 50 指数采用的是传统的市值加权方式，而上证 50 基本面指数采用的是基本面价值加权，并在此基础上进行权重优化。如图 3-51 所示为上证 50 基本面指数十大权重股，与上证 50 指数十大重权股重合度挺高。

十大权重股					
代码	名称	行业	上市交易所	市值(亿元)	权重
601318	中国平安	金融地产	上海	9429	10.87%
601166	兴业银行	金融地产	上海	3642	6.46%
601668	中国建筑	工业	上海	2280	5.63%
600036	招商银行	金融地产	上海	7169	5.33%
601328	交通银行	金融地产	上海	2139	4.76%
600016	民生银行	金融地产	上海	2135	4.44%
601288	农业银行	金融地产	上海	11046	3.88%
600000	浦发银行	金融地产	上海	3475	3.82%
600104	上汽集团	可选消费	上海	2778	3.71%
600028	中国石化	能源	上海	4797	3.69%

图 3-51　上证 50 基本面指数十大权重股（数据来源：中证指数公司官网）

3.4　央视财经 50 指数

专家加权指数是一个很特殊的指数，首先，它是由专家和评选委员会选股。其次，它和我们前面说的中证指数、上证指数最大的不同是它没有明确的选股规则，全靠专家的能力。其中最具代表性的就是央视财经 50 指数和标准普尔 50 指数。如图 3-52 所示为央视财经 50 指数实时行情。

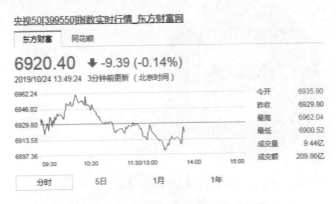

图 3-52　央视财经 50 指数实时行情

3.4.1 央视50指数概况

央视财经 50 指数简称为"央视 50"，指数代码为 399550，基准日期为 2010 年 6 月 30 日，基准指数点为 2563.07。它是由深圳证券信息有限公司与中央电视台财经频道联合编制的。遴选央视 50 的专家来自北京大学、复旦大学、中国人民大学、南开大学、中央财经大学五大院校，以及中国注册会计师协会、大公国际资信评估有限公司等专业机构。

央视财经 50 指数主要从"创新、成长、回报、公司治理、社会责任"五个维度来反映中国 A 股市场在表现突出的上市公司市场运行情况，向证券市场和投资者提供更丰富的指数化投资标的。

央视财经 50 指数包括纯价格指数和全收益指数，纯价格指数通过深圳证券交易所行情系统发布实时行情数据；全收益指数通过巨潮指数网发布收盘行情数据。如图 3-53 所示为央视财经 50 指数与巨潮 1000、沪深 300 的历史表现对比，央视财经 50 的历史表现很明显优于巨潮 1000、沪深 300 二者。

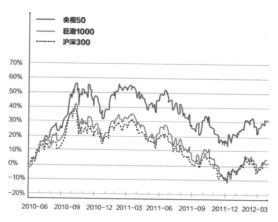

图 3-53　央视财经 50 指数与巨潮 1000、沪深 300 的历史表现

央视财经 50 指数的出现，不仅丰富了我国指数市场，还是我国第一只权威媒体指数。如图 3-54 所示为央视财经 50 指数市场分布表。从表中可以清楚地看出，央视财经 50 指数兼顾上海证券交易所、深圳证券交易所、中小板和创业板，这一点与上证 50 的指数不一样，它大小盘兼顾，相对全面。

市场分布

板块	成长	创新	回报	责任	治理
沪市	4	1	8	8	7
深市主板	4	1	2	1	1
中小板	2	6	0	1	1
创业板	0	2	0	0	1

图 3-54 央视财经 50 指数市场分布表

央视财经 50 指数的行业权重分布如图 3-55 所示。从图中可以看出，央视财经 50 指数中行业权重最大的依次是金融地产、工业、信息技术行业、可选消费和主要消费，占比分别为 26.15%、20.71%、14.68%、11.78% 和 11.17%。由于央视财经 50 指数大小盘兼顾，所以它不会出现大盘指数那样的金融地产行业占比太大的现象。相对前文提到的大多数指数来说，央视财经 50 指数行业分布均衡很多。

市场分布

行业	家数	权重
金融地产	7	26.15%
工业	9	20.71%
信息技术	7	14.68%
可选消费	9	11.78%
主要消费	6	11.17%
医药卫生	4	7.4%
原材料	5	5.13%
能源	2	2.93%
电信业务	1	0.06%

图 3-55 央视财经 50 指数的行业权重分布

3.4.2 央视 50 指数的特点

央视 50 指数作为一个特殊指数，它具有以下三个特点。

1. 更合理的编制方法

央视财经 50 指数采取"维度间权重均等，在五个维度内设定个股权重上限"的加权方式。具体来说，维度间权重均等指的是五个维度的初始权重相等，各占 20%；维度内设定个股权重上限是指每个维度内，个股初始权重不超过 30%。

2. 综合考虑股票特色

由于央视财经 50 指数是权威媒体指数，又有众多业内专家亲自遴选股票，所以央视财经 50 指数便具有综合性特点，这些专家不仅会遴选大盘蓝筹股，也会在小盘股中挑选具有特色、有发展潜力的股票。如图 3-56 所示为央视财经 50 指数十大重权股。

序号	代码	名称
1	002230	科大讯飞
2	002253	川大智胜
3	002038	双鹭药业
4	601939	建设银行
5	000651	格力电器
6	601398	工商银行
7	600805	悦达投资
8	300070	碧水源
9	601988	中国银行
10	600425	青松建化

图 3-56　央视财经 50 指数十大重权股

第4章

提高！
指数基金其他品种

学前提示

上一章主要讲的是宽基指数，而且所选股票都是来自上海证券交易所和深圳证券交易所。这一章不仅会补充介绍中国香港和美国的常见指数，还会具体分析行业指数的概念和特点。

要点展示

- 香港地区指数
- 美国常见指数
- ETF 指数基金
- 行业指数基金

4.1 香港地区指数

上一章我们提到的常见指数所遴选的股票不是来自上海证券交易所，就是来自深圳证券交易所。除此之外，国内还存在一个非常特殊但是不容小觑的证券交易所——香港证券交易所，简称为"港交所"。

对于香港证券交易所，大家印象最深的应该是2018年7月9日小米集团的上市。小米集团上市的证券交易所就是香港证券交易所。如图4-1所示为小米在香港证券交易所主板上市。

图4-1　小米在香港证券交易所主板上市

香港的证券交易历史比A股（人民币股票）长，其市场也比上海证券交易所和深圳证券交易所成熟。2019年全球证券十大主流证券交易所排名如图4-2所示。

	名称	国家地区	市值	上市公司数量
10	澳大利亚证券交易所	墨尔本	13860亿美金	2896家
9	德国证券交易所	法兰克福	14860亿美金	765家
8	多伦多证券交易所	多伦多	20580亿美金	1577家
7	上海证券交易所	上海	25470亿美金	861家
6	香港证券交易所	香港	28310亿美金	1470家
5	泛欧证券交易所	阿姆斯特丹	29300亿美金	1238家
4	伦敦证券交易所	伦敦	33960亿美金	3000家
3	东京证券交易所	东京	34780亿美金	2292家
2	纳斯达克证券交易所	纽约	45820亿美金	5400家
1	纽约证券交易所	纽约	166130亿美金	3600家

图4-2　全球证券十大主流证券交易所排名

4.1.1 恒生指数

香港证券交易市场与内地关系紧密，截至 2019 年 4 月，在香港证券交易所上市的内地企业高达 1600 多家，其中最为人所知的除了前文提到的小米，还有腾讯、联想、中国平安等大企业。如图 4-3 所示为在港交所上市的部分内地企业名单。

港股代码	企业名称	港股代码	企业名称
700	腾讯控股	1468	英秦控股
2318	中国平安	251	爪哇控股
939	建设银行	166	新时代能源
175	吉利汽车	1902	银城国际控股
5	汇丰控股	1224	中渝置地
3301	融信中国	616	高山企业
1299	友邦保险	1741	成志控股
788	中国铁塔	838	亿和控股
941	中国移动	2118	天山发展控股
2628	中国人寿	2012	阳光油砂

图 4-3 在港交所上市的部分内地企业名单

"QDII 基金"是主要投资中国香港、美国等海外市场的证券基金。其中 QDII 是英文 Qualified Domestic Institutional Investor 的缩写，翻译过来就是合格的境内机构投资者。

中国内地股票市场是以人民币交易的，因此被称为 A 股市场，中国香港股票市场、美国股票市场、英国股票市场等都是非人民币交易市场，投资这些市场的基金，能有效地降低汇率带来的风险。

可以这么去理解，当人民币相对美元升值时，我们就可以拿更少的人民币兑换更多的美元资产；当人民币相对美元贬值时，投资者手里的美元资产就会受到亏损，如果及时将美元资产兑换为人民币，就能尽可能地降低这种亏损。而香港用的港币，其汇率是直接与美元挂钩的，所以购买香港基金在一定程度上也可以降低汇率带来的风险。

1. 指数概况

恒生指数以 1964 年 7 月 31 日为基准日期，基准指数点为 100 点，它的指

数代码是纯英文指数代码。恒生指数的彭博资讯和汤森路透指数代码为 HSI，即
Hang Seng Index 的缩写。如图 4-4 所示为在银河证券 App 上搜索 HIS 所显
示的相关信息。

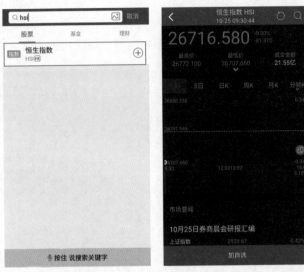

图 4-4　在银河证券 App 上搜索 HIS 所显示的相关信息

恒生指数的样本空间是整个在中国香港上市的企业，从中遴选出的 50 家企
业编制而成的股票样本就是恒生指数。这里说的样本空间囊括了腾讯、中国移动
等内地企业。如图 4-5 所示为恒生指数部分成份股列表。

公司名称	行业分类	股份类别
滙丰控股	金融业	香港普通股
腾讯控股	资讯科技业	其他香港上市内地公司
友邦保险	金融业	香港普通股
建设银行	金融业	H股
中国平安	金融业	H股
中国移动	电讯业	红筹股
工商银行	金融业	H股
香港交易所	金融业	香港普通股
中国银行	金融业	H股
中国海洋石油	能源业	红筹股
长和	综合企业	香港普通股
领展房产基金	地产建筑业	香港普通股
中电控股	公用事业	香港普通股
香港中华煤气	公用事业	香港普通股
长实集团	地产建筑业	香港普通股
中国人寿	金融业	H股
新鸿基地产	地产建筑业	香港普通股
恒生银行	金融业	香港普通股

图 4-5　恒生指数部分成份股（数据来源：恒生指数官网）

恒生指数的行业权重分布如图 4-6 所示。从图中可以看出，恒生指数和上证 50 指数一样，遴选的都是大盘蓝筹股，因此恒生指数中行业权重最大的也是金融行业，占比高达 58.92%。

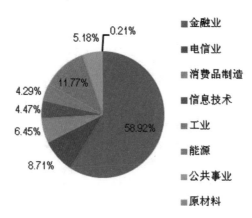

图 4-6　恒生指数的行业权重分布

2．指数的特点

以下所说的恒生指数的特点，其实也算是整个香港股票市场的特点。

1）成熟开放

香港是一个成熟的国际金融中心，有非常丰富的衍生品交易市场品种，有相对齐全的投资工具，还有相对完善的市场和投资策略。

2）与内地联系紧密

前文已经提过，截至 2019 年 4 月，在香港证券交易所挂牌上市的内地企业高达 1600 多家，中国建设银行、中国移动、中国平安等经常出现在恒生指数十大重权股中。虽然内地很多企业是在香港证券交易所上市，但是它们的主营业务都在内地，因此香港股票市场与内地联系紧密，不可分割。

3）提防"老千股"

中国香港的股票市场是以市场为主导的制度，这样的制度一方面会带来激活市场的活力和促进市场的繁荣的好处，另一方面也会带来一个劣势，产生了一个畸形品种——"老千股"。

港股投资者在投资过程中会遇到大股东低价发行股票、合并股票，从而蚕食小股东利益，而大股东利益不受损害的现象，所以在投资港股时，一定要认真观察、甄别和挑选股票，尽量避免不必要的经济损失。

4）容易受海外市场影响

一是港币汇率直接与美元挂钩，二是中国香港自开埠到回归以来内地投资者较少，香港股票市场容易受到海外市场的影响。例如，1987年美国股灾导致恒生指数狂跌700多点，如图4-7所示。

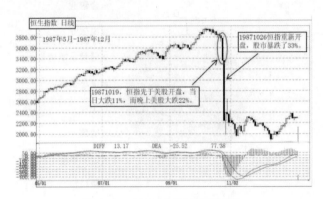

图4-7　1987年恒生指数走势

恒生指数历史走势如图4-8所示，四个红圈分别为1987年美国股灾导致恒生指数狂跌700多点、1992—1999年地产泡沫导致的股价下跌、2000年全球的科技泡沫导致恒生指数跌破10 000点、2008年和2009年美国次贷危机导致恒生指数最低跌至10 676.29点。

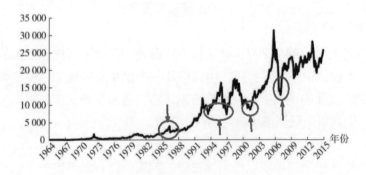

图4-8　恒生指数历史趋势

恒生指数是由香港恒生银行全资附属的恒生指数公司编制的指数，准确来说，它是以发行量为权数的加权平均股价指数，是香港股票市场最有影响的指数，很多基金公司围绕这只指数开发了很多指数基金。如图4-9所示为恒生指数部分基金列表。

代码	基金名称	相关链接	代码	基金名称	相关链接
540012	汇丰晋信恒生龙头指数	估算图 基金吧 档案	159920	华夏恒生ETF(QD	估算图 基金吧 档案
000948	华夏沪港通恒生ETF	估算图 基金吧 档案	501301	华宝香港大盘A	估算图 基金吧 档案
164705	汇添富恒生指数分级	估算图 基金吧 档案	150176	银华恒生国企指数分级	估算图 基金吧 档案
160924	大成恒生指数	估算图 基金吧 档案	513600	南方恒指ETF	估算图 基金吧 档案
513660	华夏沪港通恒生ETF	估算图 基金吧 档案	501302	南方恒指ETF联接A	估算图 基金吧 档案
162416	华宝港股通恒生香港3	估算图 基金吧 档案	150170	汇添富恒生指数分级B	估算图 基金吧 档案
000071	华夏恒生ETF联接A	估算图 基金吧 档案	001149	汇丰晋信恒生龙头指数	估算图 基金吧 档案
160922	大成恒生综合中小型股	估算图 基金吧 档案	004332	恒生沪港深新兴产业精	估算图 基金吧 档案
005554	南方H股联接A	估算图 基金吧 档案	004996	广发恒生中型股指数C	估算图 基金吧 档案
005675	易方达恒生国企ETF	估算图 基金吧 档案	000076	华夏恒生ETF联接现	估算图 基金吧 档案
000100	汇丰晋信恒生龙头指数	估算图 基金吧 档案	501309	国泰恒生港股通指数(	估算图 基金吧 档案

图 4-9　恒生指数部分基金列表

4.1.2　H 股指数

先来理解两个概念，什么是 A 股？什么是 H 股？ A 股指的是人民币普通股票，在内地注册上市并在内地发行，并以人民币标明面值，2013 年 4 月 1 日之前，仅供内地机构、组织或个人以人民币认购和交易。之后，港、澳、台地区居民可开立 A 股账户，进行人民币股票的申购和赎回。

H 股又名国企股，因香港英文为"Hong Kong"而得名，它指的是注册地在内地、上市地在香港的中资企业股票。H 股为实物股票，且没有涨跌幅限制。具体来说，A 股是无纸化电子记账，不存在实物股票。H 股的实物股票通俗来说就是纸制股票，如图 4-10 所示。

图 4-10　H 股实物股票

1．指数概况

H 股指数的全称为恒生中国企业指数，其简称为"国企指数"或者"H 股指数"，1994 年 8 月 8 日首次公布，以上市的国企数量达到 10 家的日期为基准日期，即 1994 年 7 月 8 日，基准指数点为 1000 点。如图 4-11 所示为 H 股指数的历史走势图。

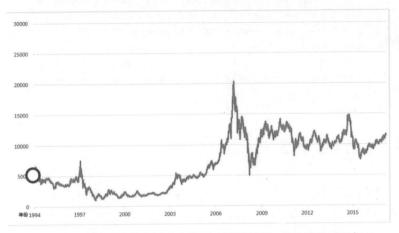

图 4-11　H 股指数的历史走势图（数据来源：恒生指数官网）

H 股指数的彭博资讯和汤森路透指数代码分别为 HSCEI、HSCE，即 Hang Seng China Enterprises Index 的缩写。如图 4-12 所示为在银河证券 App 上搜索 HSCEI 所显示的相关信息。

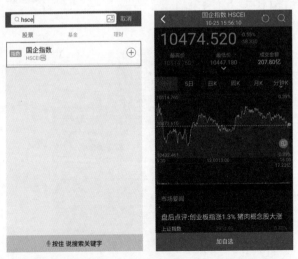

图 4-12　在银河证券 App 上搜索 HSCEI 所显示的相关信息

恒生中国企业指数是为了衡量在香港证券交易所上市的H股中较大型股的表现，该指数以所有在香港证券交易所上市的中国H股公司股票为成份股计算得出加权平均股价指数。如图4-13所示为H股指数部分成份股列表。

公司名称	行业分类	比重(%)
建设银行	金融业	10.24
腾讯控股	资讯科技业	9.86
中国平安	金融业	9.63
中国移动	电讯业	7.63
工商银行	金融业	7.42
中国银行	金融业	4.69
中国海洋石油	能源业	4.09
招商银行	金融业	2.79
中国人寿	金融业	2.59
中国石油化工股份	能源业	2.28
华润置地	地产建筑业	1.74
中国石油股份	能源业	1.63
农业银行	金融业	1.63
中国铁塔	电讯业	1.51
融创中国	地产建筑业	1.47
申洲国际	非必需性消费	1.47
中国太保	金融业	1.45
碧桂园	地产建筑业	1.44
石药集团	医疗保健业	1.41
吉利汽车	非必需性消费	1.39

图4-13　H股指数部分成份股列表（数据来源：恒生指数官网）

H股指数的行业权重分布如图4-14所示。从图中可以看出，H股指数遴选的都是H股里的蓝筹股，因此H股指数与恒生指数、上证50指数一样权重最大的也是金融行业，占比高达47.4%，总共18只成份股。

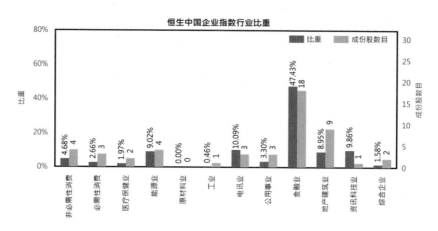

图4-14　H股指数的行业权重分布（数据来源：恒生指数官网）

2．指数的特点

恒生中国企业指数旨在反映在香港上市的中国内地企业的整体表现，其主要选股特点如图4-15所示。

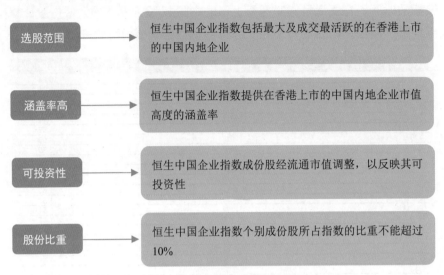

| 选股范围 | → | 恒生中国企业指数包括最大及成交最活跃的在香港上市的中国内地企业 |

| 涵盖率高 | → | 恒生中国企业指数提供在香港上市的中国内地企业市值高度的涵盖率 |

| 可投资性 | → | 恒生中国企业指数成份股经流通市值调整，以反映其可投资性 |

| 股份比重 | → | 恒生中国企业指数个别成份股所占指数的比重不能超过10% |

图4-15　恒生中国企业指数选股特点

虽然2013年4月1日之后，在港澳台地区可以开设A股账户，但是海外投资者却很难直接投资A股。这时候中国香港的重要性就体现出来了，因为香港的金融是成熟而开放的，海外投资者可以投资H股。因此，中国在世界金融市场上的代言人就是H股。如图4-16所示为海内外H股指数部分基金列表。

图4-16　海内外H股指数部分基金列表（数据来源：恒生指数官网）

3．被误会的 H 股指数

据相关数据显示，在 2000 年以前入选恒生指数的企业大部分是香港本地企业，包含的 H 股寥寥可数，但是随着近些年内地经济的高速发展，H 股几乎占了大部分比重。表 4-1 为 2007 年与 2018 年恒生指数比重前十名 H 股对比表，从表中可以看出，无论是 2007 年还是 2018 年，恒生指数十大重权股都是蓝筹股，而且内地蓝筹股的比例逐年上升。

表 4-1　2007 年与 2018 年恒生指数比重前十名 H 股对比表

2007 年	2018 年
汇丰	腾讯控股
中国移动	汇丰控股
中国建设银行	友邦保险
和记黄埔（已退市）	中国建设银行
中国海洋石油	中国移动
新鸿基地产	工商银行
长江实业	中国平安
恒生银行	中国银行
中银香港	香港交易所
中电控股	长和

虽然 H 股的重要性和地位都有很大提高，但是对于刚入门的投资者来说，很容易产生以下两个误会。

1）国企指数中的"国企"指的就是通行概念里的国企

前面我们已经说过，H 股指数的另一个简称就是国企指数，这个简称最容易被误会。很多刚入门的投资者会把国企指数中的"国企"认为就是通行概念里的国企，我们投资国企指数就是投资国企。这种理解过于望文生义，我们应该从它的全称去理解国企指数。国企指数的全称叫"恒生中国企业指数"，这里的"国企"只是中国企业的简称，并不是通行概念里的国企。

中国企业不等于国企，因此投资国企指数与投资国企不能画等号。准确来说国企包含于中国企业，而在"恒生中国企业指数"里，应该再一步缩小范围，在香港上市的国企包含于在香港上市的中国企业。

因此，我们可以这么去理解，投资国企指数不仅投资了在香港上市的国企，还投资了在香港上市的内地民营企业。前者如中国移动，后者如中国平安。

2）H 股指数就是恒生指数

这与上面说的第一种误会一样，都是犯了逻辑错误。准确来说，H 股指数与恒生指数是交叉关系，它们交叉的部分就是同时被选入这两个股票样本的 H 股。如图 4-17 所示，A 代表 H 股指数，B 代表恒生指数，Ω 代表在香港上市的所有企业，A 与 B 交叉的部分便是同时被选入 H 股指数和恒生指数的 H 股。

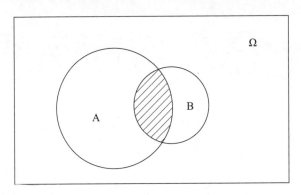

图 4-17　H 股指数与恒生指数的关系

4.1.3　上证 50AH 优选指数

上证 50AH 优选指数基于上证 50 指数，反映使用 AH 股价差投资策略的整体表现，为投资者提供建立在上证 50 指数基础上的额外回报。如图 4-18 所示为上证 50AH 优选指数的历史趋势。

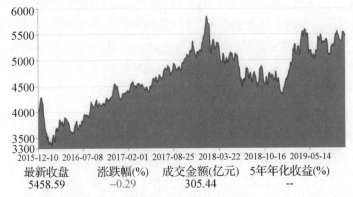

最新收盘	涨跌幅(%)	成交金额(亿元)	5年年化收益(%)
5458.59	-0.29	305.44	--

图 4-18　上证 50AH 优选指数的历史趋势（来源：中证指数公司官网）

1．指数概况

上证 50AH 优选指数简称为"上证 50 优选"，以 2004 年 12 月 31 日为基准日期，基准指数点为 100 点，人民币指数代码为 950090，港币指数代码为 950091。如图 4-19 所示为在新浪财经上搜索上证 50AH 优选指数所显示的休市状态信息。

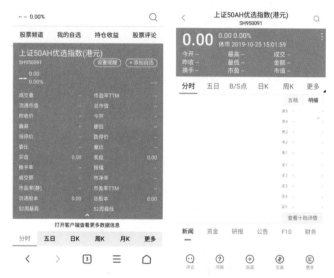

图 4-19　在新浪财经上搜索上证 50AH 优选指数所显示的休市状态信息

上证 50AH 优选指数的样本空间由上证 50AH 指数的样本空间及同时有 AH 股上市的公司的 H 股组成。如图 4-20 所示为上证 50AH 优选指数十大重权股列表。

代码	简称	行业	权重
2318	中国平安	金融地产	16.78
600519	贵州茅台	主要消费	10.41
3968	招商银行	金融地产	6.47
601166	兴业银行	金融地产	4.85
600276	恒瑞医药	医药卫生	4.79
6030	中信证券	金融地产	2.98
600887	伊利股份	主要消费	2.95
1988	民生银行	金融地产	2.73
600000	浦发银行	金融地产	2.68
1288	农业银行	金融地产	2.64

图 4-20　上证 50AH 优选指数十大重权股列表

上证 50AH 优选指数的行业权重分布如图 4-21 所示。从图中可以看出，该指数遴选的都是大盘蓝筹股，行业权重最大的是金融地产行业，占比高达 59.66%。

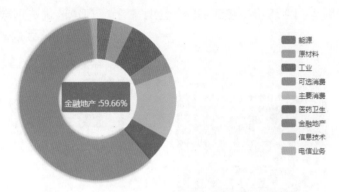

图 4-21　上证 50AH 优选指数的行业权重分布

2. 指数的特点

前文提过的 H 股指数和 A 股指数异常紧密，为我们所熟知的中国平安公司，它不仅在 A 股上市，同时也在 H 股上市。因为 H 股指数和恒生指数一样，主要以境外投资者为主，这就导致 AH 股涨跌不同，时而 A 股涨得多，时而 H 股跌得多。这时候我们就需要运用 AH 股轮动策略了，正常来说这种大公司的长期受益是基本稳定的，当 A 股涨得比 H 股高太多时，A 股肯定会迎来一轮涨得低的时期，H 股会迎来一波高涨时期，这样才是收益长期稳定的特征。

举例说明，假设一个上市公司同时在 A 股和 H 股上市，其中 A 股股价为 10 元，H 股股价为 8 元。小明买入 H 股 2000 股。半年后 A 股涨为 14 元，H 股涨为 16 元，小明把 H 股换成 A 股，于是他持有的股份就从 2000 股变成了 16×2000÷12=2666 股。紧接着，随着 A 股涨得比 H 股高，小明的投资收益也会水涨船高。

通过以上的例子，我们很容易明白 AH 股轮动策略：卖出手中相对贵的那只基金，买入相对便宜的那只。

在了解了 AH 股轮动策略之后，对于上证 50AH 优选指数的特点，我们就更容易理解了。

3. 与上证 50 指数、H 股指数的区别

上证 50AH 优选指数和上证 50 指数一样，都是从上海证券交易所挑选 50 只

最具代表性、流动性最强的股票，但它们是有差别的，具体如图 4-22 所示。

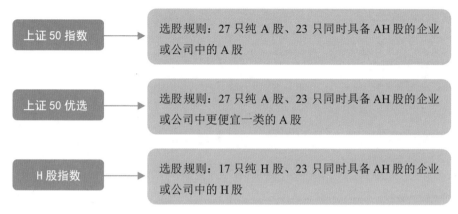

图 4-22　三种指数的区别

上证 50AH 优选指数成份股股份类别转换每月进行一次，转换实施日期为每月第二个周五收盘后。成份股股份类别转换以转换实施日前两天经汇率调整后的 A 股收盘价格除以 H 股收盘价格的比率作为转换依据。

当月度成份股类别转换时，权重因子也将进行相应调整。如图 4-23 所示，正因为上证 50AH 优选指数这个特点，使得它（图中蓝线）累计收益比其他同类指数高。

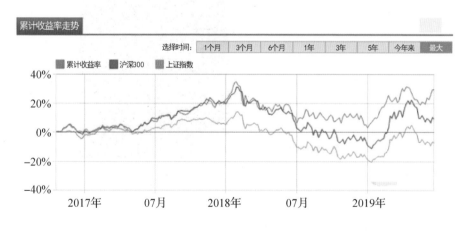

图 4-23　三种指数累计收益对比

我们前面已经提过上证 50AH 优选指数每月会按照具体情况进行类别转换，上证 50AH 优选指数的具体转换规则如图 4-24 所示。

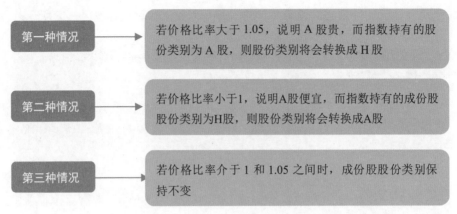

第一种情况	→	若价格比率大于1.05，说明A股贵，而指数持有的股份类别为A股，则股份类别将会转换成H股
第二种情况	→	若价格比率小于1，说明A股便宜，而指数持有的成份股股份类别为H股，则股份类别将会转换成A股
第三种情况	→	若价格比率介于1和1.05之间时，成份股股份类别保持不变

图4-24 上证50AH优选指数的具体转换规则

目前以50AH优选指数为标的指数的只有一个，即华夏上证50AH优选指数（TOF），如图4-25所示。

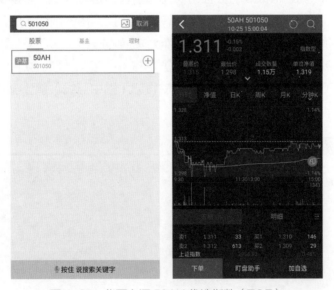

图4-25 华夏上证50AH优选指数（TOF）

4.2 美国指数

美国拥有三大证券交易所，分别是纽约证券交易所（New York Stock Exchange）、纳斯达克证券市场（National Association of Securities Dealers

Automated Quotations）、美国证券交易所（American Stock Exchange）。

其中纽约证券交易所（简称 NYSE）是美国历史最长、规模最大且最有名气的证券市场，至今至少有 200 年的历史，如图 4-26 所示。

图 4-26　纽约证券交易所

纳斯达克证券市场（全称为全美证券交易商协会自动报价系统，简称 NASDAQ）是基于电子网络的无形市场，目前在纳斯达克证券市场挂牌上市的公司有 5400 多家，是美国上市公司最多、股份交易量最大的证券市场，如图 4-27 所示。

图 4-27　纳斯达克证券市场

美国证券交易所（AMEX）曾是美国第二大证券交易所，最早推出 ETF 基金，如图 4-28 所示。如今的美国证券交易所只是美国第三大股票交易所，已没有了往日的辉煌。

图 4-28　美国证券交易所

第 3 章提到的红利机会指数就是美国标普指数公司推出的指数，它也属于美国指数，但是它属于特殊的红利指数，所以安排在第 3 章讲述。本节将要讲述的是两个最常见，同时也是世界上影响最大的美国指数——纳斯达克 100 指数和标普 50 指数。

4.2.1　纳斯达克 100 指数

我们对纳斯达克 100 指数太陌生，不过它囊括了很多为我们熟知的高科技企业，其中包括苹果、谷歌、微软等，如图 4-29 所示。

纳斯达克 100 指数选取的是在纳斯达克交易所上市的 100 只非金融股作为成份股，其中主要是市值较大的高科技成长股，然后在市值加权的基础上按相应的指数编制规则计算出来，以反映纳斯达克整体市场或者美国高科技走势。如图 4-30 所示为纳斯达克 100 指数的历史走势。

序号	公司名称	代码	公司英文名
1	苹果	AAPL	Apple Inc.
2	谷歌	GOOG	Google Inc.
3	微软	MSFT	Microsoft Corporation
4	Facebook	FB	Facebook Inc.
5	思科	CSCO	Cisco Systems, Inc.
6	亚马逊	AMZN	Amazon.com Inc.
7	英特尔	INTC	Intel Corporation
8	甲骨文	ORCL	Oracle Corporation
9	高通	QCOM	QUALCOMM Incorporated
10	NetApp	NTAP	NetApp, Inc.
11	eBay	EBAY	eBay Inc.
12	Priceline	PCLN	priceline.com Incorporated
13	百度	BIDU	Baidu Inc.

图 4-29　纳斯达克 100 指数重权股

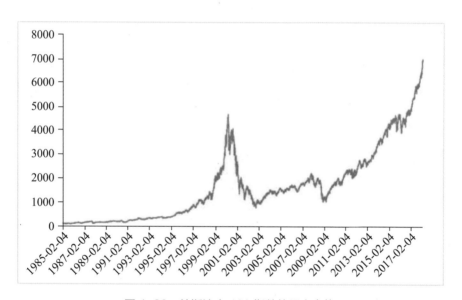

图 4-30　纳斯达克 100 指数的历史走势

1．指数概况

纳斯达克 100 指数于 1985 年 1 月 31 日发布，如今已经成为反映美国股票市场走势的三大指数之一，指数代码为 NDX，简称"纳斯达克 100"。如图 4-31 所示为在 Google 上搜索 NDX 显示的相关信息。

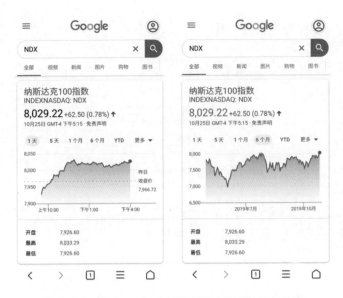

图 4-31　在 Google 上搜索 NDX 显示的相关信息

　　纳斯达克 100 指数最初的指数为 100 点，十年后突破 200 点，到 2017 年突破 5700 点。随着纳斯达克交易市场成为全球最大的证券交易市场，纳斯达克指数也成为一个反映纳斯达克证券市场行情变化的重要指数。如图 4-32 所示为纳斯达克 100 指数行业分布表，从中可以看出，因为纳斯达克 100 指数不选金融股，所以信息技术类的公司占比极高。

行业名称	成分个数
工业	6
信息技术	42
医疗保健	16
可选消费	33
日常消费	6
电信服务	3

图 4-32　纳斯达克 100 指数行业分布表

　　2007 年，中国百度曾入选纳斯达克 100 指数，在此之前，携程、分众等中国公司也曾入选。那么，入选纳斯达克 100 指数有何要求？具体要求如图 4-33 所示。

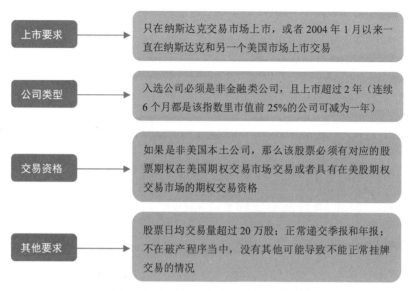

图 4-33　入选纳斯达克 100 指数的要求

2．指数基金

纳斯达克 100 是美国声名显赫的一个指数，在美国本土围绕它开发的指数非常多，但可惜的是，境内投资者们很难直接投资境外市场上的指数基金，而只能通过 QDII 指数基金来投资纳斯达克 100 指数。如图 4-34 所示为部分纳斯达克 100 指数基金列表。

代码	基金名称	相关链接
160213	国泰纳斯达克100指	估算图 基金吧 档案
040046	华安纳斯达克100指	估算图 基金吧 档案
161130	易方达纳斯达克100	估算图 基金吧 档案
040047	华安纳斯达克100指	估算图 基金吧 档案
006480	广发纳斯达克100美	估算图 基金吧 档案

图 4-34　部分纳斯达克 100 指数基金列表

4.2.2　标准普尔 500 指数

要说在美国影响最大的指数，莫过于标准普尔 500 指数，它在美国本土的定位类似于沪深 300 指数，记录的是美国 500 家上市公司的一个股票指数。这个股票指数由标准普尔公司创建并维护。如图 4-35 所示为标准普尔 500 指数的历史趋势。

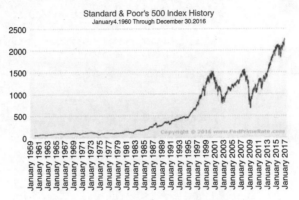

图 4-35   标准普尔 500 指数的历史趋势

1．指数概况

标准普尔 500 指数简称"标普 500"，英文简写为 S&P 500 Index，指数代码为 SPX，于 1957 年由标准普尔公司推出并编制，至今仍由标准普尔公司在维护，是一个老牌指数。如图 4-36 所示为在 Google 上搜索 SPX 指数代码显示的相关信息。

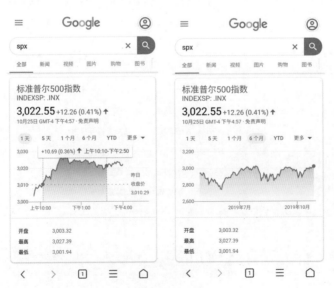

图 4-36   在 Google 上搜索 SPX 显示的相关信息

标准普尔 500 指数的选股标准如图 4-37 所示。

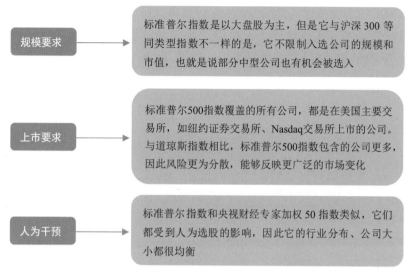

| 规模要求 | 标准普尔指数是以大盘股为主，但是它与沪深 300 等同类型指数不一样的是，它不限制入选公司的规模和市值，也就是说部分中型公司也有机会被选入 |

图 4-37　标准普尔 500 指数的选股标准

前面已经提过，标准普尔 500 指数是受人为调整或干预的，因此它的行业分布比较均衡，具体如图 4-38 所示。从图中可以看出，在标准普尔行业分布图中，信息技术行业占 20.1%、金融行业占 16.1%、医疗保健行业占 14.9%、可选消费行业占 12.9%、工业占 10.0%，行业占比合理，与之前的沪深 300、上证 50 等指数行业分布要均衡很多。

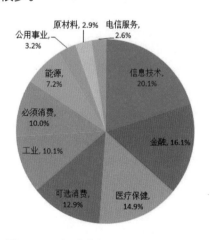

图 4-38　标准普尔 500 指数行业分布

标准普尔 500 指数于 19 世纪 50 年代发布，当时标准普尔指数由 425 种工业股票、15 种铁路股票和 60 种公用事业股票组成。1976 年之后，随着交通工具的多样化、世界贸易格局的加深、金融行业蒸蒸日上，以及运输业的不断发展，标准普尔公司调整了股票比例，改为 400 种工业股票、20 种运输业股票、40 种公用事业股票和 40 种金融业股票组成。如图 4-39 所示为标准普尔 500 指数部分成份股。

公司	代码	行业	本年度截至7月6日价格变化
Transocean lid.	RIG	Contracl Drilling	−45%
Baker Hughes.a Ge Co.ClassA	BHGE	Oilfield Services/Equipment	−43%
Advance Aulo Partslnc.	AAP	Specialty Stores	−39%
Anadarko Petroleum Corp.	APC	Oiland Gas Production	−37%
Range Resources Corp.	RRC	Oiland Gas Production	−37%
O' Reily Automotive lnc	ORLY	Specialty Stores	−37%
Macy's lnc.	M	Department Stores	−36%
AutoZone Inc.	AZO	Specialty Stores	−36%
Newfield Exploralion Co.	NFX	Oil & Gas Production	−35%
Signet Jewelers Ltd.	SIG	Specialty Stores	−35%
Devon Energy Corp.	DVN	Oiland Gas Production	−34%
Chesapeake Energy Corp.	CHK	Oiland Gas Production	−34%
Marathon Oil CORP.	MRO	Oiland Gas Production	−33%
Kroger co.	KR	Food Retail	−33%

图 4-39　标准普尔 500 指数部分成份股

2．指数基金

据指数基金之父约翰·博格尔的统计，1970 年至 2005 年，在这漫长的 36 年间，99% 的主动型基金都输给了标普 500 指数基金。同时也是在这 30 多年里，指数基金规模得到了急剧的扩大。在美国本土 SPY 是最大的一只以标准普尔 500 指数为跟踪标的的指数基金，规模达 2000 亿美元，中国最主要的标准普尔 500 指数基金有三只，分别是博时标普 500 交易型开放式指数证券投资基金（博时标普 500ETF）、大成标普 500 等权重指数基金（大成标普 500）和易方达标普 500 指数人民币基金，分别如图 4-40、图 4-41、图 4-42 所示。

图 4-40　博时标普 500ETF

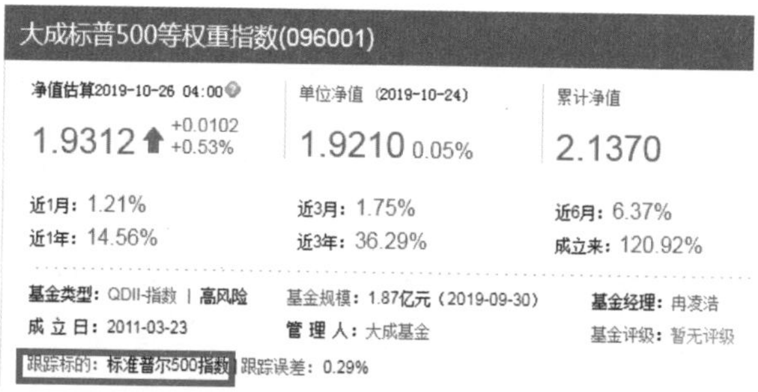

大成标普500等权重指数(096001)
净值估算2019-10-26 04:00
1.9312
+0.0102
+0.53%
单位净值（2019-10-24）
1.9210 0.05%
累计净值
2.1370
近1月：1.21%
近1年：14.56%
近3月：1.75%
近3年：36.29%
近6月：6.37%
成立来：120.92%
基金类型：QDII-指数 | 高风险
基金规模：1.87亿元（2019-09-30）
基金经理：冉凌浩
成 立 日：2011-03-23
管 理 人：大成基金
基金评级：暂无评级
跟踪标的：标准普尔500指数 | 跟踪误差：0.29%

图 4-41　大成标普 500

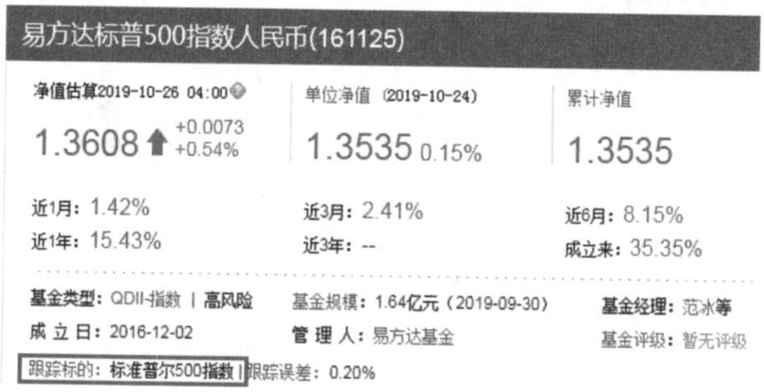

易方达标普500指数人民币(161125)
净值估算2019-10-26 04:00
1.3608
+0.0073
+0.54%
单位净值（2019-10-24）
1.3535 0.15%
累计净值
1.3535
近1月：1.42%
近1年：15.43%
近3月：2.41%
近3年：--
近6月：8.15%
成立来：35.35%
基金类型：QDII-指数 | 高风险
基金规模：1.64亿元（2019-09-30）
基金经理：范冰等
成 立 日：2016-12-02
管 理 人：易方达基金
基金评级：暂无评级
跟踪标的：标准普尔500指数 | 跟踪误差：0.20%

图 4-42　易方达标普 500 指数人民币基金

4.3　ETF 指数基金

ETF 的英文全称为 Exchange Traded Funds，中文翻译为交易所交易基金，又名交易型开放式指数基金，是一种在交易所上市交易的、基金份额可变的一种开放式基金。如图 4-43 所示为 ETF 基金分类图。

ETF
股票型
"宽基" ETF、行业ETF、风格ETF、主题ETF、策略ETF、……
债券型
国泰旗下十年国债ETF、五年国债ETF。
目前上市的商品ETF有四只
商品型
都是黄金ETF。
货币型
场内投资者理想的现金管理工具。
海外型
追踪海外股票指数，比如国泰纳指ETF。

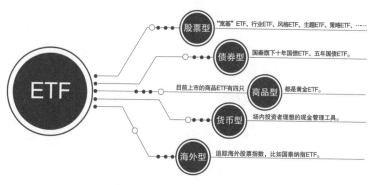

图 4-43　ETF 基金分类图

4.3.1　ETF 指数基金概述

ETF 的雏形最早产生于加拿大，而其发展与成熟则主要在美国。截至 2017 年 5 月底，亚洲机构投资者已显著提高固定收益 ETF 的投资比重，全球 ETF 产品资产总值达到 4 万亿美元，遍布世界各大证券市场，是近 20 年来发展最为迅速的金融产品，已经成为一种大众化的投资工具。如图 4-44 所示为 ETF/ETP 资产水平增长图。

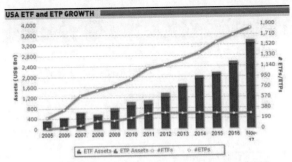

图 4-44　ETF/ETP 资产水平增长图

1. 三大优势

ETF 基金是全球增长最为迅速的 ETF 基金，作为一种特殊的指数基金而存在，那么它与普通的指数基金相比，有什么特别的优势呢？具体优势如图 4-45 所示。

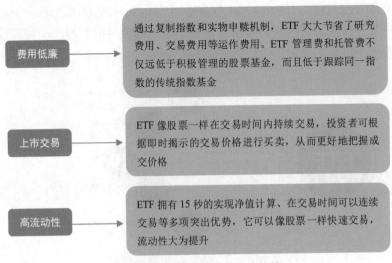

图 4-45　ETF 基金的三大优势

此外，由于 ETF 基金种类多，我们在港股、美股、大宗商品中都能够找到对应的 ETF 基金，所以 ETF 基金可以进行全球投资。

2. 与传统指数基金的区别

ETF 基金是特殊的指数基金，它和传统指数基金相比，具有以下四个不同之处，如图 4-46 所示。

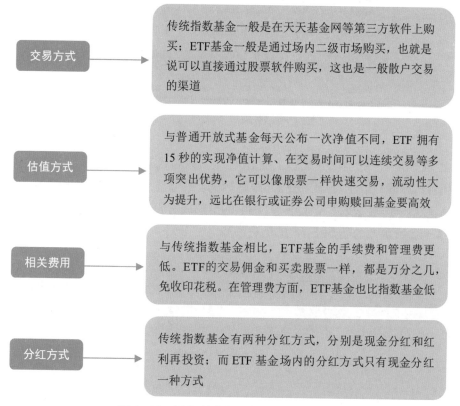

交易方式　→　传统指数基金一般是在天天基金网等第三方软件上购买；ETF基金一般是通过场内二级市场购买，也就是说可以直接通过股票软件购买，这也是一般散户交易的渠道

估值方式　→　与普通开放式基金每天公布一次净值不同，ETF 拥有 15 秒的实现净值计算、在交易时间可以连续交易等多项突出优势，它可以像股票一样快速交易，流动性大为提升，远比在银行或证券公司申购赎回基金要高效

相关费用　→　与传统指数基金相比，ETF基金的手续费和管理费更低。ETF的交易佣金和买卖股票一样，都是万分之几，免收印花税。在管理费方面，ETF基金也比指数基金低

分红方式　→　传统指数基金有两种分红方式，分别是现金分红和红利再投资；而 ETF 基金场内的分红方式只有现金分红一种方式

图 4-46　ETF 基金与传统指数基金的区别

4.3.2　上证 50ETF 基金

上海证券交易所推出的上证 50ETF 基金，是上海证券交易所计划推出的第一只 ETF。之后，上海证券交易所还陆续推出了上证 180ETF、高红利股票指数 ETF、大盘股指数 ETF、行业 ETF 等指数。

1．基金概况

2004 年，上证 50 指数被上海证券交易所授权给华夏基金使用，华夏基金管理公司拔得头筹，成为中国第一个 ETF 的管理人。如图 4-47 所示为上证 50ETF 基金。

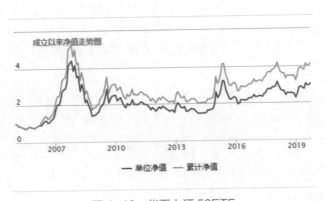

图 4-47　上证 50ETF 基金

上证 50ETF 的全称为华夏上证 50ETF，基金代码为 510050，是中国内地首只 ETF 产品，以上证 50 指数为跟踪标的。有了上证 50ETF，投资者就可以像买卖股票一样轻松地买卖上证 50 指数的全部成份股，同时也大大分散了风险。如图 4-48 所示为上证 50ETF 的历史趋势。

图 4-48　华夏上证 50ETF

2．基金的优势

当然 ETF 基金的优势上证 50ETF 都具备，下面结合 ETF 基金的资产配置、行业配置、产品自身特点来具体分析。如图 4-49 与图 4-50 所示分别为上证 ETF 基金的资产配置和行业配置。

图 4-49　上证 ETF 基金的资产配置（数据来源：华夏基金官网）

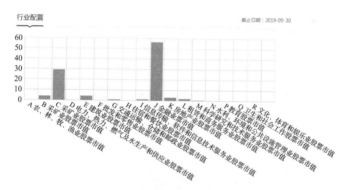

图 4-50　上证 ETF 基金的行业配置（数据来源：华夏基金官网）

1）买卖便捷

上证 50ETF 基金不仅可以通过指定的 ETF 做市商申购赎回，而且可以在上海证券交易所像股票一样进行挂牌交易。投资者可以通过证券营业部柜台、网上交易、电话委托等多种渠道进行买卖变现，这对于投资者来说，不仅方便快捷，还可以更好地掌控自己的买卖价格。

2）费用低廉

上证 50ETF 管理费、托管费和交易费用非常低廉，其管理费和托管费都不到国内现有指数基金平均费用的一半，更远远低于积极管理的股票基金。而且，二级市场交易费用和封闭式基金一样，不收印花税。ETF 这个优势大大降低了投资者的交易成本。

3）分散风险

上证 50ETF 对投资者最友好的一点就是，买入一只上证 50EJF 就相当于买入上证 50 指数的 50 只成份股，大大分散了投资风险。由于上证 50ETF 跟踪的是上证 50 指数并且投资其 50 只成份股，所以它的价格走势与上证 50 指数一致。简而言之，上证 50 指数涨多少，上证 50ETF 就涨多少，这对于入门级投资者来说，上手相对简单，信息相对明了。

4）安心购买

上证 50 指数成份股具有业绩优良、流动性好、市盈率低等特征。买上证 50ETF 就相当于买了一只"大盘蓝筹股"。前面我们提过，大盘蓝筹股有良好的基本面，有着长期而稳定的收益，一般来说，投资者可以安心购买。

3．基金获利

基金获利有不同的渠道，对于上证 50ETF 而言，它作为上海市场最具代表性的蓝筹指数，又作为一种创新型基金，是怎么获利的呢？具体获利途径如图 4-51 所示。

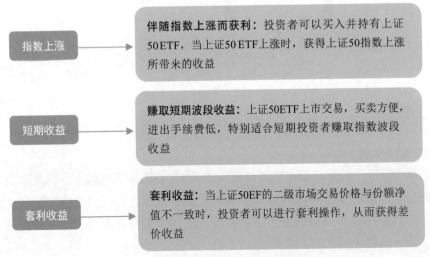

图 4-51 上证 50ETF 的获利途径

4．适合人群

综合上证 50ETF 基金的各方面来看，首先 ETF 基金是灵活的指数投资工具，它跟踪上证 50 指数，投资的都是大盘股，稳定性高，如图 4-52 所示。加之上证 50ETF 具有透明度高、实物申赎机制、流动性高的特点，它基本可以满足各类投资者的各类需求，如图 4-53 所示。

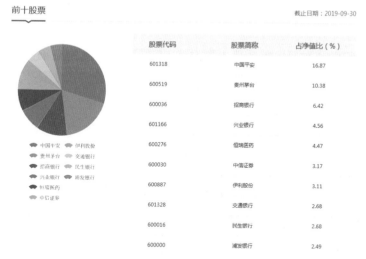

前十股票   截止日期：2019-09-30

股票代码	股票简称	占净值比（%）
601318	中国平安	16.87
600519	贵州茅台	10.38
600036	招商银行	6.42
601166	兴业银行	4.56
600276	恒瑞医药	4.47
600030	中信证券	3.17
600887	伊利股份	3.11
601328	交通银行	2.68
600016	民生银行	2.68
600000	浦发银行	2.49

图 4-52 上证 50ETF 基金位列前十的大盘股（数据来源：华夏基金官网）

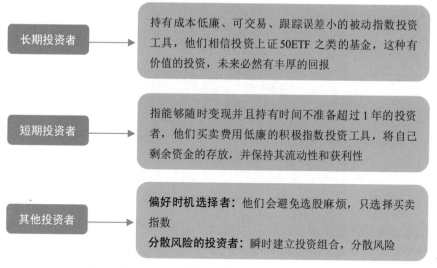

图 4-53 上证 50ETF 可以满足各类投资者的需求

4.4 行业指数基金

前面提到的指数都是宽基指数，它们都不限制行业，大盘股指数的话金融行业和信息技术行业占比高，像沪深 300 之类的指数兼顾中型企业，行业分布稍显均衡一些。

当然，行业分布最均衡的是央视财经 50 指数和标普 500 指数，这两个指数都由专家选股，对于行业的挑选自然最均衡。下面介绍的是比较小众的指数——行业指数，它指的是专门投资某个行业的股票，风险比宽基指数要高。

要想投资行业指数基金，需要先对行业做一个大致的了解。按照全球行业标准，可以将行业划分为四级，其中一级行业有 10 个，二级行业有 24 个，三级行业有 68 个，四级行业有 156 个。

其中 Wind 行业分类标准是 Wind 资讯在广泛借鉴国内外证券市场的行业分类标准，并考虑中国证券市场的特征后推出的满足于市场投资研究需要的行业分类标准。如图 4-54 所示为 Wind 四级行业体系结构。

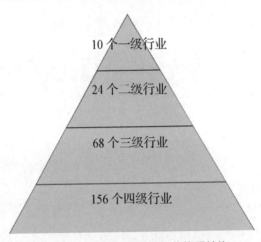

图 4-54　为 Wind 四级行业体系结构

行业分类指的是从事国民经济中同性质的生产或其他经济社会的经营单位或者个体的组织结构体系的详细划分，如林业、汽车业、银行业等。行业分类的作用极大，它可以解释行业本身所处的发展阶段及其在国民经济中的地位，对影响行业发展的各种因素进行分析判断，从而预见它们对行业的影响力度，对行业的未来发展趋势进行有效引导，对行业投资价值进行切合实际的判断，为各组织机构提供投资决策或投资依据。如图 4-55 所示为 Wind 一级行业表。

行业代码	行业名称	英文名称
10	能源	Energy
15	材料	Materials
20	工业	Industrials
25	可选消费	Consumer Discretionary
30	日常消费	Consumer Staples
35	医疗保健	Health Care
40	金融	Financials
45	信息技术	Information Technology
50	电信服务	Telecommunication Services
55	公用事业	Utilities

图 4-55　Wind 一级行业表

除了以上的常规分类外，还有一种分类标准，即根据特定主题分类，主要可以分为环保行业、信息行业、健康行业、养老行业、新能源行业、教育行业等，如图 4-56 所示。

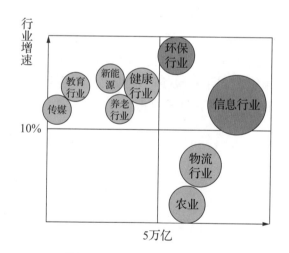

图 4-56　按照特定主题分类

不同的行业它的运作方法不一样，在国民经济中的地位、影响和相关的企业都不一样，有的行业其特性就决定了它很能赚钱，如医药行业和必需消费行业。不同行业的赚钱能力天差地别，其指数表现也各不相同，如图 4-58 所示。

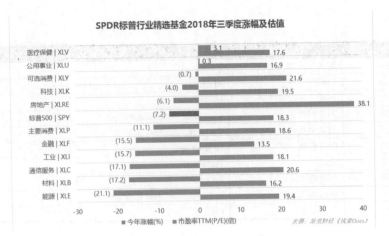

图 4-57　不同行业的指数表现各不相同

4.4.1　医药行业指数

　　佛家有人生八苦之说，分别是"生、老、病、死、爱长久、恨别离、求不得、放不下"，前四个都和医药行业相关，所以说医药是我们最基本的需求。无论经济多么景气，还是多么低落，"生老病死"就摆在眼前，因此医药是人们物质生活中不可缺少的一部分。如图 4-58 所示为 2017 年 9 月底沪深 300 指数与医药生物行业对比，从中可以看出沪深 300 指数低走时，医药行业指数依然能够保持上涨的趋势。

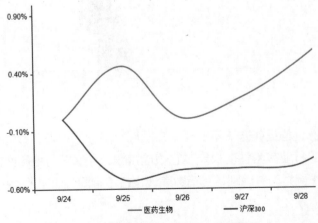

图 4-58　2017 年 9 月底沪深 300 指数与医药生物行业对比

1. 中证医药指数

中证医药指数又称为中证 800 医药指数，以 2004 年 12 月 31 日为基准日期，以 1000 点为基准点，指数代码为 000933 和 399933。它由中证 800 指数样本股中的医药卫生行业股票组成，共 75 个成份股，以反映该行业公司股票的整体表现。如图 4-59 所示为中证医药指数五年来的历史表现。

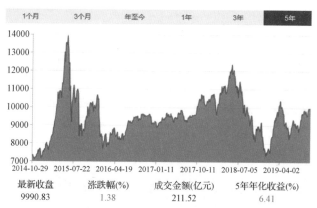

图 4-59　中证医药指数五年来的历史表现（数据来源：中证指数公司官网）

中证医药卫生指数对应的基金是汇添富中证医药卫生 ETF，基金代码为 159929，该基金的其他具体信息如图 4-60 所示。

图 4-60　汇添富中证医药卫生 ETF

2. 中证医药 100 指数

中证医药 100 指数简称"医药 100"，以 2004 年 12 月 31 日为基准日期，以 1000 点为基准点，指数代码为 000978 和 399978。它由医药卫生和药品零售行业市值较大的 100 只股票组成，个股日均成交金额由高到低排名，剔除排名后 20% 的股票，以反映医药相关行业的公司股票的整体走势。不过，由于中证医药 100 指数采用等权，导致资金容量有限，过多地申购就会出现跟踪误差。如图 4-61 所示为中证医药 100 指数五年来的历史表现。

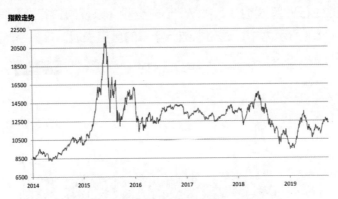

图 4-61　中证医药 100 指数五年来的历史表现（数据来源：中证指数公司官网）

中证医药 100 指数对应的基金有天弘中证医药 100A，基金代码为 001550，该基金的其他具体信息如图 4-62 所示。

图 4-62　天弘中证医药 100A

4.4.2　主要消费行业指数

主要消费行业，又可以称为必需消费行业或日常消费行业，它指的是为了满足个人日常生活需要而产生的购买、使用或接受相关服务的行为。与主要消费相对的是可选消费，可选消费包括汽车、汽车零件、奢侈品、零售行业等。主要消费主要包括食品与主要用品零售、农牧渔产品、食品饮料及家庭个人用品。

医药行业会受到国家政策的影响，从而出现不可预估的涨跌情况，而主要消费行业渗透到人们生活的方方面面，是最稳定的行业。

1. 上证消费指数

上证消费指数的全称为"上证主要消费行业指数"，它以 2003 年 12 月 31日为基准日前，以 1000 点为基准指数点，指数代码为 000036。它由上海证券市场中的主要消费行业股票组成，以反映该行业公司股票的整体表现。如图 4-63所示为上证消费指数的历史走势。

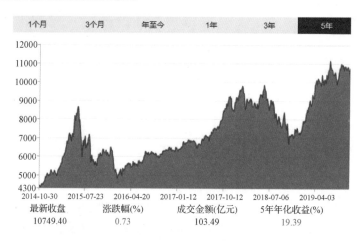

图 4-63　上证消费指数的历史走势（数据来源：中证指数公司官网）

上证消费指数对应的基金是华夏消费 ETF，基金代码为 510630，该基金的其他具体信息如图 4-64 所示。

华夏消费ETF(510630)

净值估算2019-10-30 09:41	单位净值（2019-10-29）	累计净值
2.9264 ▼ -0.0168 -0.57%	2.9432 0.71%	2.9432
近1月：0.47%	近3月：2.44%	近6月：8.93%
近1年：67.43%	近3年：84.39%	成立来：194.32%
基金类型：ETF-场内	基金规模：2.36亿元（2019-09-30）	基金经理：荣膺
成立日：2013-03-28	管理人：华夏基金	基金评级：暂无评级
跟踪标的：上证主要消费行业指数	跟踪误差：0.08%	

图 4-64　华夏消费 ETF

2．中证消费指数

中证主要消费指数简称"中证消费"，在上海证券交易所的指数代码是000932，在深圳证券交易所的指数代码是399932，指数点从 2004 年 12 月 31日的 1000 点开始。它由中证 800 指数样本股中的主要消费行业股票组成，以反映该行业公司股票的整体表现。2019 年 10 月底的数据显示，中证主要消费指数权重最大的是贵州茅台，权重高达 17.89%。如图 4-65 所示为中证主要消费指数的历史趋势。

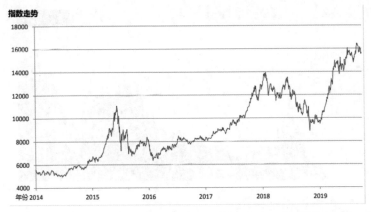

图 4-65　中证主要消费指数的历史趋势（数据来源：中证指数公司官网）

中证消费指数对应的基金有汇添富中证主要消费 ETF、嘉实中证主要消费ETF、汇添富中证主要消费 ETF 联接。其中，汇添富中证主要消费 ETF 的基金代码为 159928，该基金的其他具体信息如图 4-66 所示。

汇添富中证主要消费ETF(159928)　　　　　　　　　　　　查看相关ETF联接〉

净值估算2019-10-30 10:54	单位净值（2019-10-29）	累计净值
3.0565 ↓ -0.0161 -0.52%	**3.0726** 1.38%	**3.0726**
近1月：4.56%	近3月：4.88%	近6月：11.93%
近1年：84.64%	近3年：108.55%	成立来：207.54%
基金类型：ETF-场内	基金规模：32.12亿元（2019-09-30）	基金经理：过蓓蓓
成立日：2013-08-23	管理人：汇添富基金	基金评级：暂无评级
跟踪标的：中证主要消费指数｜跟踪误差：0.04%		

图 4-66　汇添富中证主要消费 ETF

3．全指消费指数

全指消费指数是覆盖范围最广的主要消费行业指数，它以中证全指样本股中的主要消费行业为样本空间，从中挑选流动性和市场代表性较好的股票构成指数样本股，以反映上海证券交易所和深圳证券交易所主要消费行业内公司股票的整体表现。如图4-67所示为全指消费指数的历史走势。

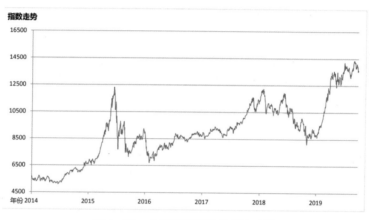

图4-67　全指消费指数的历史走势

全指消费指数的全称是"中证消费"，该指数系列以2004年12月31日为基准日，以1000点为基准指数点，指数代码为000990。中证消费指数对应的基金是广发中证全指主要消费ETF，其基金代码为159946，该基金的其他具体信息如图4-68所示。

图4-68　广发中证全指主要消费ETF

4.4.3　金融行业指数

从上证 50 指数到中证 100 指数等，我们都可以看出金融行业在其中的占比可谓举足轻重，其中中国平安、招商银行等蓝筹股在国内也是声名远播。具体来说，金融行业的细分行业非常多，在我国，金融类上市公司主要由两部分组成：一是被称为"金三胖"的银行、保险、证券行业；二是多元金融。

1. 银行业

国内绝大部分的银行业指数基金跟踪的是中证银行指数，其指数代码为399986，以 2004 年 12 月 31 日为基准日期，以 1000 点为基准指数点。中证银行指数由中证全指样本股中的银行行业股票组成，以反映该行业股票的整体表现。如图 4-69 所示为中证银行指数的历史走势。

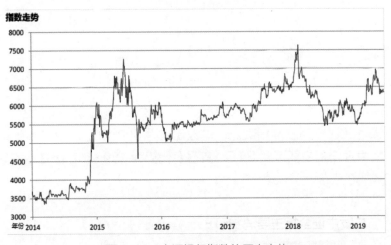

图 4-69　中证银行指数的历史走势

因为银行业是"百业之母"，银行的贷款是目前企业资金的主要来源，它受国家宏观经济调控的影响，虽然没有医药行业、主要消费行业稳定，但是它的影响力巨大。因此，以中证银行指数为跟踪标的的指数基金不在少数，如图 4-70 所示。

其中基金规模大于 1 亿、基金样本总数小于 10 只的基金有鹏华中证银行基金、华安中证银行指数基金、华宝中证银行指数基金、富国中证银行指数基金、招商中证银行指数分级基金。

在上述基金中，截至 2019 年年初，近一年回报率最高的是南方中证银行ETF，收益最大的是博时中证银行指数基金和易方达银行指数基金。投资者可根据自己的投资方式进行选择，场内基金考虑南方中证银行 ETF，场外基金选择博时中证银行指数基金或易方达银行指数基金。

基金代码	基金名称	基金成立日	规模（亿）	基金经理
160631.OF	鹏华中证银行	2015-04-17	44.38	崔俊杰
160418.OF	华安中证银行	2015-06-09	9.52	许之彦
512820.OF	汇添富中证银行ETF	2018-10-23	8.03	过蓓蓓
512800.OF	华宝中证银行ETF	2017-07-18	6.20	胡洁
161029.OF	富国中证银行	2015-04-30	5.72	王保合,方旻
161723.OF	招商中证银行指数分级	2015-05-20	3.24	侯昊
001595.OF	天弘中证银行C	2015-07-08	2.98	张子法,陈瑶
161121.OF	易方达银行	2015-06-03	2.46	成曦,刘树荣
001594.OF	天弘中证银行A	2015-07-08	1.76	张子法,陈瑶
160517.OF	博时中证银行	2015-06-09	1.33	赵云阳
168205.OF	中融中证银行	2015-06-05	1.06	赵菲
512700.OF	南方中证银行ETF	2017-06-28	1.04	孙伟
240019.OF	华宝中证银行ETF联接A	2011-08-09	0.61	胡洁
004597.OF	南方中证银行ETF联接A	2017-06-29	0.41	孙伟
004598.OF	南方中证银行ETF联接C	2017-06-29	0.39	孙伟

图 4-70　跟踪中证银行指数的指数基金

2．证券行业

在国内影响最大的证券行业指数是中证全指证券公司指数，其指数代码为 399975，以 2007 年 6 月 30 日为基准日期，以 1000 点为基准指数点。中证全指证券公司指数由中证全指样本股中的证券公司行业股票组成，以反映该行业股票的整体表现。如图 4-71 所示为中证全指证券公司指数的历史走势。

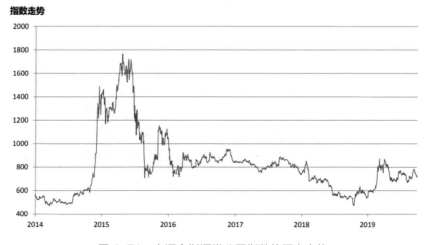

图 4-71　中证全指证券公司指数的历史走势

以中证银行指数为跟踪标的的指数基金不在少数，相关统计如图 4-72 所示。截至 2019 年年初，国泰中证全指证券公司 ETF、华宝中证全指证券 ETF、南方中证全指证券公司 ETF 这三只产品全面跑赢场外被动指数基金。

基金代码	基金名称	基金成立日	规模（亿）	基金经理
161720.OF	招商中证证券公司	2014-11-13	44.03	苏燕青
512880.OF	国泰中证全指证券公司ETF	2016-07-26	25.85	艾小军
161027.OF	富国证券分级	2015-03-27	16.94	方旻,王保合
512000.OF	华宝中证全指证券ETF	2016-08-30	9.85	丰晨成
502010.OF	易方达证券公司	2015-07-08	6.75	余海燕
512900.OF	南方中证全指证券公司ETF	2017-03-10	4.42	孙伟
160633.OF	鹏华中证证券	2015-05-06	4.20	余斌
004070.OF	南方中证全指证券公司ETF联接C	2017-03-08	2.15	孙伟
004069.OF	南方中证全指证券公司ETF联接A	2017-03-08	1.32	孙伟
160419.OF	华安中证全指证券	2015-06-09	1.06	许之彦
502053.OF	长盛中证全指证券	2015-08-13	0.91	冯雨生
501047.OF	汇添富中证全指证券公司A	2017-12-04	0.65	楚天舒
161629.OF	融通中证全指证券	2015-07-17	0.58	何天翔
501048.OF	汇添富中证全指证券公司C	2017-12-04	0.35	楚天舒

图 4-72　跟踪中证全指证券公司指数的指数基金

3．保险行业

截至 2019 年 2 月，在中国内地上市的保险行业企业总共 7 家，其中影响最大的四家分别是中国平安、中国人寿、中国太保、新华保险。在保险行业指数中，中证方正富邦保险主题指数最能反映保险行业的整体表现，如图 4-73 所示。

最新收盘	涨跌幅(%)	成交金额(亿元)	5年年化收益(%)
2365.94	−1.13	70.77	--

图 4-73　中证方正富邦保险主题指数的历史表现

中证方正富邦保险主题指数简称为"保险主题"，指数代码为 399809，以

2011 年 12 月 31 日为基准日期，以 1000 点为基准指数点。它从保险行业与参股保险类上市公司中选取 20 只股票作为样本股，反映保险主题上市公司的整体表现。其中最具代表性的基金便是方正富邦保险主题指数分级基金，如图 4-74 所示。

方正富邦保险主题指数分级(167301)

净值估算2019-10-30 15:00	单位净值 (2019-10-29)	累计净值
1.3841 ↑ +0.0041 +0.29%	**1.3800** -1.08%	**1.4760**

近1月：0.66%	近3月：-2.34%	近6月：1.77%
近1年：24.71%	近3年：50.53%	成立来：47.97%

基金类型：股票指数｜高风险	**基金规模**：5.37亿元（2019-09-30）	**基金经理**：吴昊
成 立 日：2015-07-31	**管 理 人**：方正富邦基金	**基金评级**：暂无评级
跟踪标的：中证方正富邦保险主题指数｜跟踪误差：0.25%		

图 4-74　方正富邦保险主题指数分级基金

第 5 章

巧赚！
为什么选择指数基金

学前提示

投资理财产品种类很多，令投资者们眼花缭乱，无法找到自己值得投资的理财产品。在本章，笔者将从指数基金的常用知识、指数基金的选择标准，以及指数基金与其他投资理财产品的区别这三个方面出发，详细分析指数基金的优势。

要点展示

- ❯ 指数基金常用知识
- ❯ 指数基金选择标准
- ❯ 指数基金与其他理财产品的区别

5.1　指数基金常用知识

我们经常能看到很多基金公司在不遗余力地推荐指数基金，而且连巴菲特这种大佬也亲自在各种公开场合推荐指数基金。关注过股市的人可能都知道，股神巴菲特一般不推荐基金，但是巴菲特曾多次推荐过约翰·博格的先锋集团旗下管理的指数基金。此外，巴菲特与一个基金经理展开过一场十年的赌局，巴菲特选择标准普尔 500 指数基金，应战者的基金经理人选择了五只对冲基金，对赌十年的收益率。当然，最后的结局我们都知道，巴菲特赢了。

在指数基金刚推出来的时候，也就是 20 世纪 70 年代，大家普遍不看好这种新型的理财产品。随着后来指数基金的飞速发展，大多数普通基金全倒在指数基金的风头下，美国的基金经理们这才意识到这种新型理财产品居然有如此不可预估的潜力，指数基金因此才慢慢得到了重视。

指数基金之父——约翰·博格一直致力于指数基金的发展，并创建了先锋集团，而且时至今日，先锋集团依然是指数基金的巨头。

半个多世纪过去了，指数基金趋势愈趋良好，如图 5-1 所示，我们可以清楚地看出近三年收益最好的是易方达上证 50 指数 A。

那么，我们如何挑选收益最好的基金呢？在解决这个问题之前，有必要了解一些指数基金常用知识、基金选择标准、指数基金的具体优势，以及指数基金与其他类型的理财产品的区别。

基金代码	基金名称	单位净值	日期	日增长率	近1周	近1月	近3月	近6月	近1年	近2年	近3年	今年来	成立来
110003	易方达上证50指数A	1.8027	10-29	0.15%	0.50%	2.07%	3.66%	8.33%	44.70%	29.21%	75.84%	48.15%	454.84%
180003	银华-道琼斯88指数A	1.2780	10-29	-0.02%	0.52%	3.45%	4.98%	5.52%	29.90%	6.12%	35.04%	32.38%	445.79%
040002	华安中国A股增强指数	0.8030	10-29	-0.50%	0.12%	1.26%	2.55%	2.95%	32.51%	-3.25%	17.45%	32.29%	392.69%
050002	博时沪深300指数A	1.4950	10-29	-0.42%	0.24%	1.49%	1.41%	2.60%	25.92%	2.75%	28.89%	28.71%	382.31%
310318	申万菱信沪深300指数增强A	2.4496	10-29	-0.37%	0.21%	1.73%	2.43%	8.13%	24.95%	3.83%	28.73%	28.05%	380.34%
200006	长城久泰沪深300指数A	1.8007	10-29	-0.12%	0.11%	1.55%	2.72%	5.76%	30.56%	5.33%	31.39%	32.47%	372.49%
161607	融通巨潮100指数A(LOF)	1.1740	10-29	-0.25%	0.26%	1.21%	1.72%	5.36%	32.45%	9.25%	35.56%	36.63%	355.58%
160706	嘉实沪深300ETF联接A	1.1352	10-29	-0.39%	0.35%	1.38%	1.61%	2.08%	27.44%	0.36%	21.68%	30.06%	343.15%
161604	融通深证100指数A	1.2170	10-29	0.33%	1.59%	3.49%	5.19%	6.29%	42.64%	-4.21%	14.68%	44.80%	336.41%
160213	国泰纳斯达克100指数	3.8670	10-28	0.99%	2.22%	5.54%	3.95%	8.65%	20.28%	37.37%	73.64%	31.71%	321.08%
519180	万家180指数	0.9504	10-29	-0.69%	-0.19%	0.42%	-0.16%	-0.01%	22.32%	0.57%	21.27%	25.32%	279.87%

图 5-1　近三年指数基金的收益

5.1.1 指数基金适合的人群

世界上任何一种回报率高的投资都不是万能的，都有其适合的人群，而适合指数基金投资主要有以下五种人群，如图5-2所示。

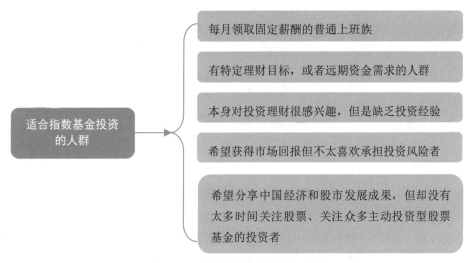

	每月领取固定薪酬的普通上班族
	有特定理财目标，或者远期资金需求的人群
适合指数基金投资的人群	本身对投资理财很感兴趣，但是缺乏投资经验
	希望获得市场回报但不太喜欢承担投资风险者
	希望分享中国经济和股市发展成果，但却没有太多时间关注股票、关注众多主动投资型股票基金的投资者

图5-2 适合指数基金投资的人群

下面对以上五种适合基金投资的人群逐一进行分析与讨论。

1. 每月领取固定薪酬的普通上班族

一方面，大部分的上班族薪资所得在扣除日常生活开销后，所剩余的金额往往不多，单独投资意义不大，小额的定期定额投资方式最为适合。因此，普通上班族而言，还是巴菲特那句话实在——"买只指数基金，然后努力工作"，如图5-3所示。

图5-3 巴菲特给投资者的建议

另一方面，上班族工作时间一般严格固定，因此设定指定账户中自动扣款的基金定投，只需办理一次手续就能搞定未来几年甚至十几年的投资交易，对上班族来说是最省时省事的方式，而且基金还能帮助他们起到强制储蓄的作用。

　　2．有特定理财目标，或者远期资金需求的人群

　　基金根据投资类型可以分为指数型基金、债券型基金、股票型基金等。有些投资者拥有投资的目标、实力和欲望，但是面对纷杂的投资理财产品，显得迷惘无助。我们要明白的是，无论投资者选择购买哪一类基金，都需要了解这个理财产品的方方面面。在这些理财产品中，优势最为明显的自然是指数基金，理由有以下两点。

　　（1）投资者在已知未来将有大额资金需求时，提早以定期定额小额投资方式来规划投资指数基金，不但不会造成自己经济上的负担，更能让每月的小钱在未来变成大钱。

　　例如，10年后子女将出国留学，而且当前有收入进行投资，那么用基金来实现攒钱的目标也是非常不错的选择。

　　（2）许多中小型投资者希望投资多个优质股票和多家上市公司，但是自身没有太多的投资专业能力，这时候他们就可以选择投资指数基金。前面已经说过，投资指数基金是投资一篮子股票，而这些股票是按照特定的指标和权重挑选出来的，比起自己盲目挑选股票，买一只指数基金相对来说靠谱很多。

　　3．本身对投资理财很感兴趣，但是缺乏投资经验

　　因为没有投资经验，很多投资者陷入了追涨杀跌的泥潭而难以自拔，最终投资下来伤痕累累。因此，对于那些尚没有投资经验或者不适合独立投资的人来说，指数基金可以说是一种比较有明确规定而且相对稳定的投资，这样可以避免投资者再度陷入跟风的怪圈。

　　4．希望获得市场回报但不太喜欢承担投资风险者

　　风险态度偏中或偏低的人，通常不愿去冒很大的风险，因而指数基金投资对他们来说是最合适不过了。

　　指数基金定投具有投资成本加权平均的优点，能有效降低整体投资的成本，分散市场波动的风险。以指数基金定投的方式来应对短期震荡加剧而长期坚定看好的市场，这对于那些有心投资但又不清楚如何选择投资时间节点的投资者而言，也是一个很好的选择。

5. 有些闲钱，却没有时间投资的人

有一些个体户或者生活节奏非常快的人群，他们希望分享中国经济和股市发展成果，但却没有太多时间关注股票、关注众多主动投资型股票，那么指数基金就是一种比较适合的投资方式。

指数基金投资方式非常适合现在的年轻人，他们在拿到工资后留下日常的生活费，就可以将其余部分做"定投"。这样持续一段时间后，就会给自己带来可观的收益。当然，是否投资指数基金也要因人而异，根据自己的实际情况而定，毕竟指数基金是一项长期投资业务，在投资时一定要考虑到自己的收支状况。

5.1.2 指数基金收益来源

我们都知道指数基金投资很稳定，那么指数基金的收益来源有哪些呢？

1）估值收益

短期收益主要是看估值，就是我们常说的低买高卖，这中间产生的估值差就是短期收益。

2）长期定投

低买高卖的估值差主要带来的是短期收益，而投资者想要长期收益还得靠上市公司的盈利增长。好比同样是股票，同样是定投 10 年，几番熊市牛市来回翻滚后，我们会发现有的公司股票下跌了，有的公司股票翻了一两番，有的公司股票上涨了十几倍。那么究竟是什么导致公司股票之间涨幅有如此巨大的差异呢？其中主要的差异在于每个上市公司所处的行业和自身的盈利能力各不相同。有的公司业务范围广、利润高、现金流大，长期收益良好，那么该公司的股票趋势肯定不错，在指数中的权重也会相对高一些。如图 5-4 与图 5-5 所示，分别为中国平安 2018 年公司收益和在中证 100 指数中的权重。

3）择时收益

择时和前面所说的估值类似，但是具体概念却各不相同。举个最简单的例子，2019 年 10 月底市场上猪肉的平均价格为 40 元，你偶然看到某肉类市场同样质量的猪肉今天只卖 35，遂决定买入。这就称为估值。那什么是择时呢？同样拿猪肉来类比，由于 2019 年的猪瘟和贸易战，中国市场可宰杀的生猪数量相比往年大大减少，你在 10 月底就估算出 11 月初猪肉单价会涨至 40 多元，遂在 10 月底多买了些肉。这就可以称为择时。

图 5-4　中国平安 2018 年公司收益

代码	简称	行业	权重
601318	中国平安	金融地产	10.81
600519	贵州茅台	主要消费	6.75
600036	招商银行	金融地产	4.14
000651	格力电器	可选消费	3.20
600276	恒瑞医药	医药卫生	3.17
601166	兴业银行	金融地产	3.12
000333	美的集团	可选消费	2.95
000858	五粮液	主要消费	2.88
600030	中信证券	金融地产	1.95
600887	伊利股份	主要消费	1.88

图 5-5　中国平安在中证 100 指数权重最大（数据来源：中证指数官网）

　　估值有特定的公式，或者说有特定的数据和规律可遵循，但择时却只能靠自身的经验和敏锐的观察力。能猜中牛市并且在股灾来临之前赎回，这样的人少之又少。而且你猜中了一次，第二次就很难猜中了，因为你猜中的那次主要靠的是运气。

　　4）成本

　　另外还有一个影响收益的因素，就是成本，如交易基金的费用、管理费率等。投资同样的基金品种，成本越低，长期收益自然会越高。

　　低成本是指数基金相对于其他股票基金品种的核心优势，也是指数基金之父约翰·博格所一直推崇的。不过成本对投资者的影响，一般要经过长达几十年的时间才能够显示出来，在短期里通过节约费用赚到的收益不太明显。

以上四种收益来源各具特色，其主要特点如图 5-6 所示。

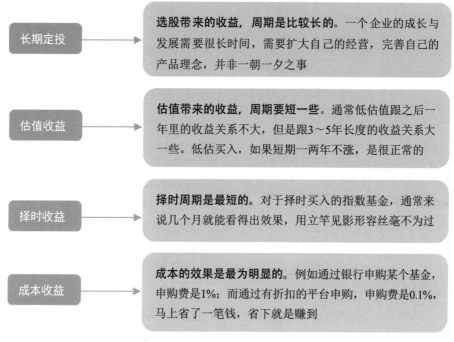

图 5-6 四种收益的主要特点

5.1.3 指数基金常用名词

了解基金名词术语是投资指数基金的基础，对于准备购买指数基金的新基民来说，快速了解这些名词对具体的投资有很大的帮助。基金常用名词如表5-1所示。

表 5-1 基金常用名词

常用名词	相关说明
基金资产总值	基金资产总值是包括基金购买的各类证券价值、银行存款本息以及其他投资所形成的价值总和
基金资产净值	基金资产净值是指基金资产总值减去按照国家有关规定可以在基金资产中扣除的费用后的价值
基金资产估值	基金资产估值是指通过对基金所拥有的全部资产及所有负债按一定的原则和方法进行估算，进而确定基金资产公允价值的过程

续表

常用名词	相关说明
基金单位 净值	基金单位净值即每份基金单位的净资产价值，等于基金的总资产减去总负债后的余额再除以基金全部发行的单位份额总数。开放式基金的申购和赎回都以这个价格进行
基金累计净值	基金累计净值是基金单位资产净值与基金成立以来累计分红的总和
基金拆分	基金拆分是在保持投资人资产总值不变的前提下，改变基金份额净值和基金总份额的对应关系，重新计算基金资产的一种方式
工作日	指上海证券交易所和深圳证券交易所的正常交易日
开放日	指为投资者办理基金申购、赎回等业务的工作日
建仓	对于基金公司来说就是指一只新基金公告发行后，在认购结束的封闭期间，基金公司用该基金第一次购买股票或者投资债券等（具体的投资要根据该基金的类型及定位来确定）。对于私人投资者，比如说自己，建仓就是指第一次买基金
持仓	即投资者手上持有的基金份额
加仓	是指建仓时买入的基金净值涨了，继续加码申购
补仓	指原有的基金净值下跌，基金被套一定的数额，这时在低位追补买进该基金以摊平成本。（被套就是投资人以某净值买入的基金跌到了该净值以下。比如投资者花 1.5 元买的基金跌到了 1.15 元，那就是说投资者在该基金上被套 0.35 元）
满仓	是用投资者账户内的所有资金都买了基金，像仓库满了一样。大额资金投入的叫大户，更大的叫庄家；小额投入的叫散户，更小的叫小小散户
半仓	即用一半的资金买入基金，账户上还留有一半的资金。如果是用 60% 的资金叫六成仓……可以此类推。如投资者有 3 万元资金，用 1.5 万元买了基金，就是半仓，称半仓操作。它表示没有把资金全部投入，是降低风险的措施
重仓	是指这只基金买某种股票，投入的资金占总资金的比例最大，这种股票就是这只基金的重仓股。同理，如果投资者买了 3 只基金，有 75% 的资金都投资在其中一只上，那么这只基金就是重仓；反之即为轻仓
空仓	即投资者把某只基金全部赎回，得到所有资金；或者投资者把全部基金赎回，手中持有现金

常用名词	相关说明
平仓	平仓容易与空仓混淆，应注意区分。平仓即买入后卖出，或卖出后买入。具体地说，比如今天赎回易方达基金，等赎回资金到账后，又将赎回的资金申购上投成长先锋，相当于调整自己的基金持有组合，但资金总额不变。如果是做多，则是申购基金平仓；如果是做空，则是赎回基金平仓
做多	表示看好后市，现以低净值申购某基金，等净值上涨后收益。做多就是做多头，多头对市场判断是上涨，就会立即进行基金买入，然后在上涨之后卖出，赚取中间的差价，总体来说就是先买后卖
做空	认为后市看跌，先赎回基金，避免更大的损失。等净值真的下跌再买入平仓，待净值上涨后赚取差价
踏空	由于基金净值一直处于上涨之中，净值总是在自己的心理价位之上，无法按预定的价格申购，一路空仓，就叫踏空
逼空	基金涨势非常强劲，基金净值不断抬升，使做空者（即后市看跌而先期卖出的人）一直没有好的机会介入，亏损不断扩大，最终不得不在高位买入平仓，这个过程叫逼空
套期保值	是指改变基金的投资类型，以保证资金不减少。例如，为使基金不被套，在市场不景气的时候可以把股票基金转为货币基金避险
基金申购	申购是投资者直接或通过代理机构向基金管理公司买入共同基金的通称，投资者必须填写一份申购书并缴纳申购款项（包含基金价款及手续费），而投资者所得之基金单位数则依据基金价款除以该基金当日之单位净值计算出来
基金赎回	投资者以自己的名义直接或通过代理机构向基金管理公司要求部分或全部退出基金的投资，并将买回款汇至该投资者的账户。投资人需填写一份买回申请书，并注明买回基金的名称及单位数（或金额）、买回款项欲汇入的银行账户，一般约需三至四个工作日
基金估值	基金资产的估值是指根据相关规定对基金资产和基金负债按一定的价格进行评估与计算，进而确定基金资产净值与单位基金资产净值的过程

5.2 指数基金选择标准

指数基金的品种很多，要想正确地选择指数基金，投资者必须了解指数基金的选择原则和依据，掌握选择基金公司的方法，以及如何选择适合自己的投资方法等。

5.2.1 前期准备

如今投资指数基金，投资者通常都在网上进行，与传统的投资方式相比，网上投资一般有三大优势，如图5-7所示。

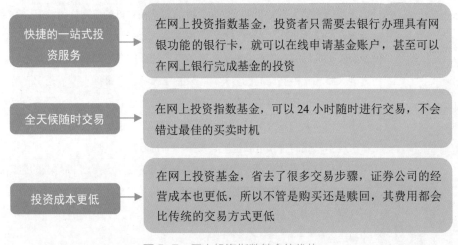

图 5-7　网上投资指数基金的优势

5.2.2 关注公司实力

基金管理公司既是指数基金资金的募集者，也是指数基金的管理方，它的主要职责是根据基金合同的相关约定，对指数基金的资金进行投资运作，并在控制风险的基础上为投资者谋求收益的最大化。

1. 分析基金公司能力

基金公司的选择对指数基金投资至关重要，一个好的基金公司能给投资人带来滚滚红利，而一个能力不强的基金公司则会让投资者血本无归。

选择一家优秀的基金公司是投资指数基金的主要环节。基民在选择基金管理公司时，首先要搜集该基金公司的资料，然后对基金公司的能力进行全面分析，看该公司是否有足够的能力管好一只基金。当基民在对基金公司有所了解之后才会放心购入基金，因此，在此过程中对基金公司进行分析就显得很有必要。

下面以天天基金网为例，重点对通过互联网分析基金公司的方法进行具体讲解。首先进入天天基金网首页，单击左上侧的"基金数据"超链接，进入"基金数据"页面，单击"基金公司"超链接，如图 5-8 所示。

图 5-8　"基金数据"页面

在展开的列表中单击"基金公司一览"超链接，执行操作后，即可查看所有基金公司的成立时间、旗下基金数、管理规模、评级情况、总经理等资料，具体如图 5-9 所示。

通常来说，基金公司的成立时间越早，说明该公司的经验越丰富，其帮投资者获取收益的概率相对较大。而旗下基金数越多、管理规模越大则说明基金公司的实力越强。评级情况和总经理则更多的是代表基金的信赖度，评级星数越多、曾经管理的基金获得的回报越好的总经理，说明其所在的基金公司越值得被信赖。

图 5-9　"基金公司一览"页面

单击"相关链接"中的"基本概况"超链接，可以查看基金公司详情，以及直接查看或购买旗下的热门基金、新发基金等，如图 5-10 所示。

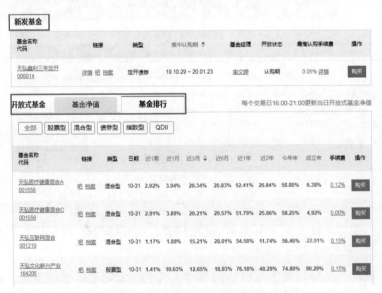

图 5-10　基金公司基本概况

2．考察基金公司业绩

基金公司的综合实力可以从不同角度多方面来衡量，但最重要、最直接的因素还是公司旗下基金的业绩。优秀基金管理公司的业绩可能在短期内不是最好的，但是从长远来看，一家好的基金公司能在牛市中尽量获取收益，在熊市中尽量回避损失，给投资者带来持续稳定的回报。

因此，投资者应加强对基金管理公司总体水平的评估。评判指数基金业绩的六个标准如图 5-11 所示。

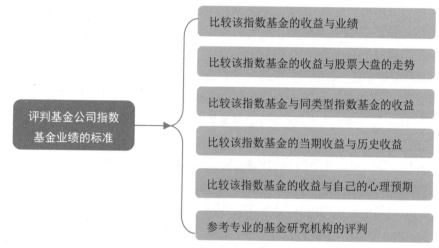

图 5-11　评判指数基金业绩的六个标准

下面，分别对上述六个标准进行简要说明。

（1）比较该指数基金的收益与业绩。指数基金的收益与业绩是指数基金收益最直观的反映，与股票不同，基金是一种中长期投资，所以，在比较收益与业绩时，投资者不能看一时的涨跌幅度，而应该将一段时间的整体情况作为评估标准，只有整体趋势向好的指数基金所在的公司才更值得投资。

（2）比较该指数基金的当期收益与历史收益。指数基金的当期收益即指数基金本期获得的收益，而指数基金的历史收益即指数基金成立以来获得的收益。

当期收益说明的是指数基金当前的运作情况，通常来说，当期收益较高的指数基金，发展势头相对较好。而历史收益则反映的是指数基金的整体运作情况，历史收益较高的指数基金其整体发展态势一般都比较好。

（3）比较该指数基金的收益与股票大盘的走势。通常来说指数基金的收益与股票大盘的走势之间是有一定关系的。

因此，投资者在投资指数基金时，需要判断指数基金投资的类别，对指数基金的投资对象进行评估，并从中选择投资对象整体发展态势相对较好的指数基金。

（4）比较该指数基金的收益与自己的心理预期。投资最直接的目的就是获得收益，在投资指数基金之前，投资者通常会有一个收益预期，即希望通过投资获得多少收益。而基金收益与投资者的预期通常难以达到一致，此时，投资者应该对两者进行比较，并决定未来的投资方向。

如果指数基金的收益超过了预期，就说明投资以来，指数基金的整体态势良好，但是未来仍具有不可知性，因此，投资者需要决定见好就收，还是乘胜追击。相反，如果指数基金的收益低于预期，则说明指数基金的整体发展状况可能不太理想，此时，投资者就需要决定是否继续持有。

（5）比较该指数基金与同类基金的收益。在每个指数基金的业绩走势图上方，通常都会列出该指数基金的收益率与同类指数基金收益率的均值。通过对两个数据进行比较，投资者可以判断该指数基金收益率是否达到同类均值。对于表现不如均值的指数基金，投资者需要考虑是否继续持有。

（6）参考专业的基金研究机构的评判。对于部分投资新手来说，根据自身经验可能难以对指数基金进行评判，此时，投资者不妨参考专业研究机构给出的评判。比如，可以查看专业机构对基金的评级，并选择其中星级较高的指数基金进行投资。

5.2.3 关注基金评级

人们在购买各个金融机构推出的理财产品的时候，往往只注意指数基金产品的收益率。其实，投资者在购买指数基金产品的时候，应注意每个指数基金产品的基金评级，它是购买指数基金产品的重要参考指标。

基金评级有五大优点，具体介绍如下。

（1）对基金投资者的好处。评级结果是其投资行为的重要参考指标，有利于投资者科学地评价指数基金，挑选适合自己偏好的指数基金。

（2）对基金公司的内部管理有好处。有利于基金管理公司评价旗下指数基金的经营业绩，还可以对基金经理人产生约束和激励，方便考核基金经理。

（3）对基金经理人有好处。评级可以反馈市场信息以便调整策略，有利于基金经理人研发新的指数基金品种。

（4）对市场监管部门有好处。有利于基金托管行更好地发挥监督职能，加强基金信息披露的规范化，增加基金管理公司的透明度，方便监管部门监管。

（5）对基金业自身发展有好处。有利于基金研究数据平台的建设，其研究成果可以指导、促进基金市场朝健康稳定的方向发展。

1．基金评级机构

基金评级机构是为企业公司投资者及大众提供关于基金的数据和相关资料的服务机构。国内三大基金评级机构如表 5-2 所示。

表 5-2　国内三大基金评级机构

（1）晨星	
机构简介	晨星（Morningstar Inc）成立于 1982 年，它成立的初衷是通过财经资讯和分析应用软件工具的提供、基金和股票的分析及评级，给投资者的投资提供便利。它不仅是美国主要的投资研究机构之一，更是基金评级的国际性权威机构之一。2003 年 2 月 20 日在深圳设立了晨星中国总部
评级原理	晨星公司采取计算基金收益评级与风险评级的差额的方式，按照差额的大小将基金评为 5 个不同的星级
（2）理柏	
机构简介	理柏（Lipper）成立于 1973 年，作为国际性的基金研究机构，它致力于基金资讯、分析应用工具及研究服务的提供。它的总部设在美国纽约，现已在包括英国伦敦、日本东京、中国香港等世界范围内的 18 个主要金融中心设立了分支机构
评级原理	理柏根据排名将基金分为 5 档，其中排名前 20% 的为第一档，排名为 21% ～ 40% 的为第二档，以此类推，最差的一档是第五档，即排名为 81% ～ 100% 的基金公司。晨星与理柏评级的侧重点不同，前者侧重于基金本身，而后者则更多的是对基金公司的考察
（3）银河	
机构简介	银河证券基金研究中心于 2001 年 6 月 12 日成立，它是中国银河证券股份公司研究所管理的二级部门，也是国内第一家专业基金研究评价机构。它坚持自主开发基金系统，在公司内部研究部门和信息技术部门组建跨部门的基金系统项目组
评级原理	银河证券根据收益评价指标、风险评价指标及风险调整后的收益指标对基金进行评级，具体操作与上述两家机构相似

2．查看指数基金评级

对于投资者来说，通过网上查看指数基金评级不失为一种更快捷的方法。下面以天天基金网为例，介绍通过互联网查看基金评级的方法。

进入天天基金网首页，单击“基金评级”超链接，如图 5-12 所示。

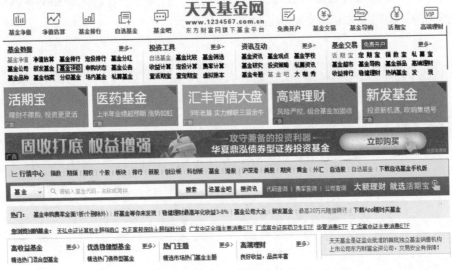

图 5-12　天天基金网首页

执行操作后，即可进入“基金评级”页面，默认显示全部基金的评级总汇，如图 5-13 所示。

基金评级　星数越多(最高5星)，评价越好

基金评级总汇 | 上海证券评级 | 招商证券评级 | 济安金信评级

全部 | 股票型 | 混合型 | 债券型 | 指数型 | 货币型

评级汇总分类是天天基金网的分类,各机构分类详见机构评级。↑表示评级较上期上升 ↓表示评级较上期下降　基金申购费率 1 折起　--全部基金

代码	简称	相关链接	基金经理	基金公司	5星评级家数	上海证券 2019-06-30	招商证券 2019-07-19	济安金信 2019-06-30
260103	景顺长城动力平衡	估算图 基金吧 档案	刘苏	景顺长城	3家	★★★★★	★★★★★↑	★★★★★↑
519066	汇添富蓝筹稳健混	估算图 基金吧 档案	雷鸣	汇添富	3家	★★★★★↑	★★★★★↑	★★★★★↑
167501	安信宝利债券(L	估算图 基金吧 档案	庄园	安信	3家	★★★★★	★★★★★	★★★★★
260104	景顺长城内需增长	估算图 基金吧 档案	刘彦春	景顺长城	3家	★★★★★↑	★★★★★	★★★★★↑
320021	诺安双利债券发起	估算图 基金吧 档案	裴禹翔	诺安	3家	★★★★★	★★★★★	★★★★★
200008	长城品牌优选混合	估算图 基金吧 档案	杨建华	长城	3家	★★★★★↑	★★★★★↑	★★★★★↑
110011	易方达中小盘混合	估算图 基金吧 档案	张坤	易方达	3家	★★★★★	★★★★★	★★★★★
000171	易方达裕丰回报债	估算图 基金吧 档案	张清华	易方达	3家	★★★★★	★★★★★	★★★★★
000251	工银金融地产混合	估算图 基金吧 档案	王君正	工银	3家	★★★★★↑	★★★★★	★★★★★
000751	嘉实新兴产业股票	估算图 基金吧 档案	归凯	嘉实	3家	★★★★★	★★★★★	★★★★★
519971	长信改革红利混合	估算图 基金吧 档案	黄韵	长信	3家	★★★★★↑	★★★★★	★★★★★
001182	易方达安心回馈混	估算图 基金吧 档案	张清华	易方达	3家	★★★★★	★★★★★	★★★★★

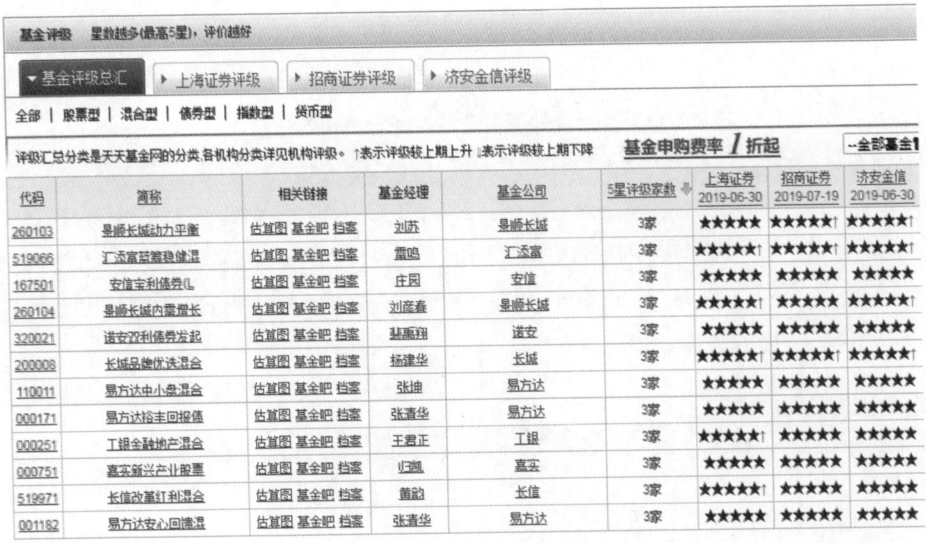

图 5-13　“基金评级”页面

用户可以设置相应条件，查看特定范围内的基金评级，比如单击“指数型”

超链接，即可查看所有指数型基金的评级，如图 5-14 所示。

图 5-14　指数型基金的评级

在"全部基金管理公司"下拉列表中选择指定基金公司，即可查看该公司所有指数基金情况。比如选择"嘉实基金"选项，即可查看嘉实基金管理公司旗下的所有指数基金评级情况，如图 5-15 所示。

图 5-15　查看基金管理公司旗下的所有指数基金评级情况

单击"上海证券评级"按钮，用户还可以切换查看该评级公司对指数基金的评级情况，如图 5-16 所示。

代码	简称	相关链接	基金经理	基金公司	5星评级家数	上海证券 2019-06-30	招商证券 2019-07-19	济安金信 2019-06-30
000512	国泰沪深300指	估算图 基金吧 档案	艾小军	国泰	0家	★★★★	★★	★★★
510080	长盛全债指数增强	估算图 基金吧 档案	杨哲	长盛	0家	★	★★★	★★
310318	申万菱信深300	估算图 基金吧 档案	龚英光	申万	0家	★	暂无评级	★★★★
270010	广发沪深300E	估算图 基金吧 档案	刘杰	广发	0家	暂无评级	暂无评级	★★★★
000311	景顺长城沪深30	估算图 基金吧 档案	黎海威	景顺长城	0家	暂无评级	暂无评级	★★★★
160615	鹏华沪深300指	估算图 基金吧 档案	张羽翔	鹏华	1家	暂无评级	暂无评级	★★★★★
470007	汇添富上证综合指	估算图 基金吧 档案	吴振翔	汇添富	1家	暂无评级	暂无评级	★★★★★
240014	华宝中证100指	估算图 基金吧 档案	陈建业	华宝	0家	暂无评级	暂无评级	★★★↓
510290	南方上证380E	估算图 基金吧 档案	孙伟	南方	0家	暂无评级	暂无评级	★★★
159906	大成深证成长40	估算图 基金吧 档案	张钟玉	大成	0家	暂无评级	暂无评级	★★★
159909	招商深证TMT5	估算图 基金吧 档案	苏燕青	招商	0家	暂无评级	暂无评级	★★★
159910	嘉实深证基本面1	估算图 基金吧 档案	刘珈吟	嘉实	0家	暂无评级	暂无评级	★★★★
510310	易方达沪深300	估算图 基金吧 档案	余海燕	易方达	1家	暂无评级	暂无评级	★★★★★

图 5-16 查看评级公司对指数基金的评级情况

5.2.4 关注标的指数

指数基金的核心就是它所跟踪的指数，因此我们挑选指数基金时，了解其所追踪的指数基金对应的市场和变化极其重要。

此外，投资者除了可以了解指数基金对应的市场和变化外，还可以通过投资不同的指数基金，来达到资产配置的目的。

当前境内市场的指数种类日益增多。当然，我们需要知道的是，不同指数覆盖的市场范围不同，其风险收益特征也不同。

具体来说，如上证 180 和深证 100 指数，分别反映上海证券交易所和深圳证券交易所的情况；中证 100 和中小板指数，则分别反映上海证券交易所和深圳证券交易所大盘蓝筹企业与中小企业的情况。

甚至随着跨境 ETF 的推出，同时选择沪深 300 指数基金与投资海外市场指数的指数基金，也是很好的资产配置方向，能够在一定程度上起到分散投资、分散风险的作用。

5.3 指数基金与其他理财产品的区别

目前，可供国内居民投资的金融产品日益增多，除了传统的银行存款、债券、保险和股票之外，指数基金作为一种高收益而风险相对较低的投资品种，越来越受到广大投资者的青睐。那么，指数基金与其他理财产品有什么不同呢？本节将介绍基金与各种投资理财产品的主要区别。

5.3.1 指数基金与银行存款的区别

银行存款与指数基金在性质等方面都有很大的不同，如图 5-17 所示。

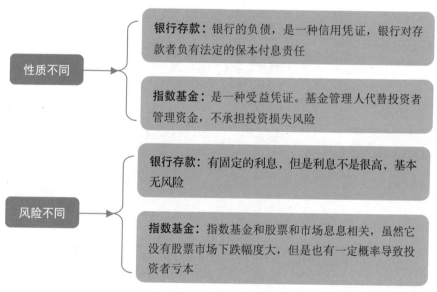

性质不同

银行存款：银行的负债，是一种信用凭证，银行对存款者负有法定的保本付息责任

指数基金：是一种受益凭证。基金管理人代替投资者管理资金，不承担投资损失风险

风险不同

银行存款：有固定的利息，但是利息不是很高，基本无风险

指数基金：指数基金和股票和市场息息相关，虽然它没有股票市场下跌幅度大，但是也有一定概率导致投资者亏本

图 5-17 指数基金与银行存款的区别

5.3.2 指数基金与股票基金（非指数）的区别

根据投资对象不同，基金可分为股票基金等；根据投资理念不同，基金可分为主动型基金与被动型基金，被动型基金指的就是指数基金，那么我们该如何区分呢？指数基金与股票基金的区别具体如图 5-18 所示。

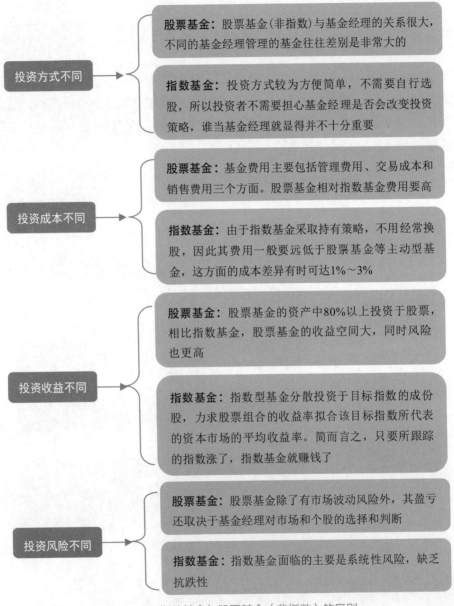

图 5-18 指数基金与股票基金（非指数）的区别

5.3.3 指数基金与收藏品、贵重金属的区别

以下分别为指数基金、收藏品、贵重金属各自的特点。

1）指数基金

优势1：指数基金作为一种相对长期的投资工具，可以通过广泛投资于股票、债券等工具，获得较高的收益，而且投资的分散也使风险降低。此外，指数基金的流动性也比较好，可以通过银行、证券公司网点代销，从买卖程序上与存取款非常相似，变现比较容易。

优势2：指数基金投资是一种委托专家理财的形式，不需要很多的专业知识和时间，而且起点投资金额低，不像房地产、实业投资和部分收藏品等一般需要大笔资金才能投资。

2）收藏品

优势：拥有收藏品（如邮票、钱币、艺术品和古董）的主要收益在于从收藏中获得乐趣，很少有投资者将收藏品投资等同于现金、债券或股票。

不足：它需要很强的兴趣和专业知识，此外，即使收藏品价值很高，投资者也往往难以找到买主去兑现它的价值。如图5-19所示为元青花鬼谷子下山大罐，2005年拍出的价格折合人民币2.3亿元，非常人所能接受。

图5-19 元青花鬼谷子下山大罐

3）贵重金属

优势：金银及其他贵金属的供给有限，而需求存在上涨趋势，因此它可以保值，但这些金属价格波动很大，而且不像指数基金那样，会产生差价收入和红利收益。

不足：贵金属的价格一般随着生活费用的增长而增加，许多人认为这种资产可以更好地克服通货膨胀。事实上通货膨胀时期贵金属的价格并不一定能够同步上涨。

5.3.4 指数基金与投资型保险的区别

投资型保险是近年来保险公司推出的将保险和投资结合于一体的保险品种。

基金与投资型保险的区别如图 5-20 所示。

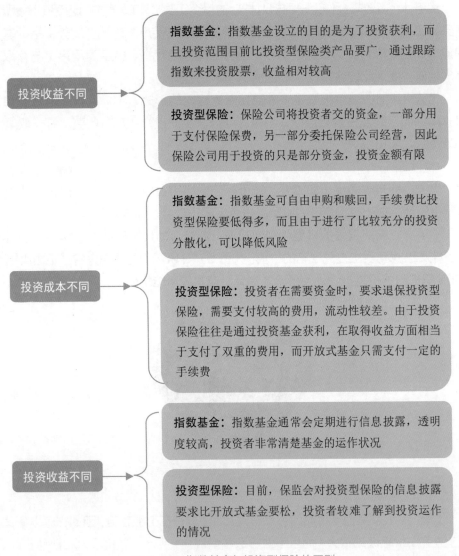

投资收益不同

指数基金：指数基金设立的目的是为了投资获利，而且投资范围目前比投资型保险类产品要广，通过跟踪指数来投资股票，收益相对较高

投资型保险：保险公司将投资者交的资金，一部分用于支付保险保费，另一部分委托保险公司经营，因此保险公司用于投资的只是部分资金，投资金额有限

投资成本不同

指数基金：指数基金可自由申购和赎回，手续费比投资型保险要低得多，而且由于进行了比较充分的投资分散化，可以降低风险

投资型保险：投资者在需要资金时，要求退保投资型保险，需要支付较高的费用，流动性较差。由于投资保险往往是通过投资基金获利，在取得收益方面相当于支付了双重的费用，而开放式基金只需支付一定的手续费

投资收益不同

指数基金：指数基金通常会定期进行信息披露，透明度较高，投资者非常清楚基金的运作状况

投资型保险：目前，保监会对投资型保险的信息披露要求比开放式基金要松，投资者较难了解到投资运作的情况

图 5-20 指数基金与投资型保险的区别

除此之外，指数基金与投资型保险还有一个功能上的基本区别：指数基金是专业从事投资的金融工具，不具有保障功能；而投资型保险更注重保障功能，投资只是其辅助功能。

第6章

活用！
如何挑选指数基金

学前提示

　　面对代销机构或者银行繁杂的指数基金产品，铺天盖地的基金广告，以及银行经理和职员们七嘴八舌地推销着回扣最高的指数基金产品，我们应该如何去辨别？如何去挑选合适的指数基金？通过学习本章内容之后，我们心里就有底了。

要点展示

- ➤ 估值指标
- ➤ 盈利收益率法
- ➤ 博格公式法
- ➤ 好用的选基平台

6.1 估值指标

对于优秀的投资者（比如巴菲特、约翰·博格等）来说，他们都会建立一套自己的投资标准，如资产盈利、资产价值等，来判断和衡量不同的投资产品，以确定它们值不值得去投资。这样的一套投资标准就叫估值指标。

目前，常用的估值指标主要有四个，分别是市盈率、盈利收益率、市净率、股息率。

6.1.1 市盈率

市盈率的全称为市价盈利比率，或者称为股价收益比率、本益比，其英文全称为 Price Earnings Ratio，简写为 P/E 或 PER。

市盈率是用来评估股价水平是否达到合格标准的指标，由股价除以年度每股盈利（EPS）得出（或者以公司市值除以年度股东应占溢利亦可得出相同结果）。

计算时，股价通常取最新收盘价，而年度每股盈利方面，若按已公布的上年度每股盈利计算，称为历史市盈率(Historical P/E) 或静态市盈率；若是取最近4 个季度的净利润，则称为滚动市盈率；若是按市场对今年及明年每股盈利的预估值计算，则称为未来市盈率、预估市盈率或动态市盈率（Prospective/Forward/Forecast P/E)。如图 6-1 所示为 2012—2017 年沪深 300 指数历史市盈率走势。

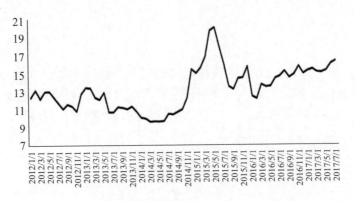

图 6-1　2012—2017 年沪深 300 指数历史市盈率走势

那么，市盈率能够起到哪些作用？具体作用如图 6-2 所示。

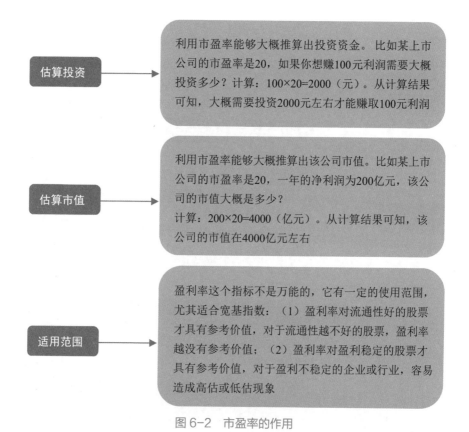

图 6-2　市盈率的作用

6.1.2　盈利收益率

盈利收益率与市盈率互为倒数，也就是说市盈率乘以盈利收益率等于1。市盈率是用公司市值除以盈利，而盈利收益率则刚好相反，它是用公司盈利除以公司市值，也就是盈利收益率 = E/P。

盈收利率是格雷厄姆最常用的一个指标，代表的是以当前的价格买入后所取得的收益率。格雷厄姆生前接受采访时曾声称"盈利收益率的概念更加科学，也是一个更合乎逻辑的分析方法"。

那与市盈率相比，盈收利率有什么优势？相对于通过市盈率能准确看出我们的回本时间，营收利率更容易让人看清该投资产品的收益率。

盈利收益率所起的作用如图 6-3 所示。

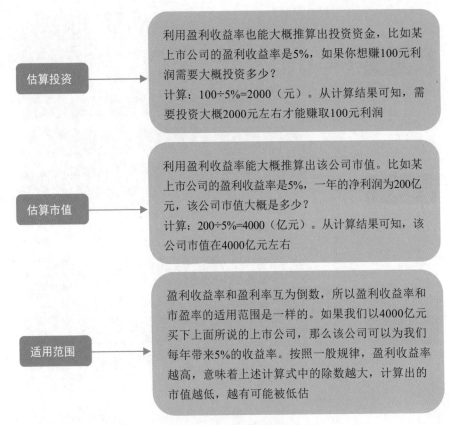

图 6-3　盈利收益率的作用

6.1.3　市净率

市净率的英文为 Price-to-Book Ratio，简称 P/B 或者 PBR，又可以称为账面价值，它指的是每股股价与每股净资产的比率，或者是公司市值与公司净资产的比率。

那么，什么是净资产？净资产又是怎样计算出来的？

净资产由两大部分组成：一部分是企业最开始时投入进去的资产，包括后来溢价的部分；另一部分是企业在经营之中创造的资产，其中包括企业接受捐赠的资产。用公式可以表示为：

净资产 = 资产 − 负债（受每年的盈亏影响而增减）

一个公司的市盈率和盈利收益率可以是不稳定的，一般来说，它每年的净资产是稳定增加的，由净资产计算出的市净率也相对稳定。如图 6-4 所示为恒生中国企业指数八年的历史市净率。

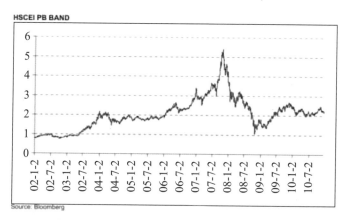

图 6-4　恒生中国企业指数八年的历史市净率

影响市净率的因素有四个，如图 6-5 所示。

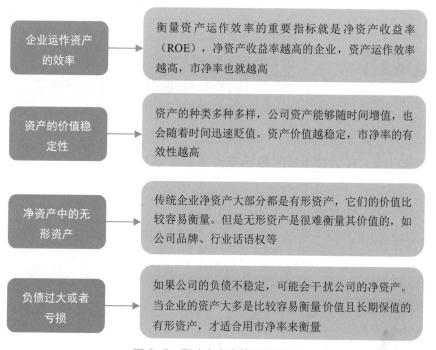

企业运作资产的效率	衡量资产运作效率的重要指标就是净资产收益率（ROE），净资产收益率越高的企业，资产运作效率越高，市净率也就越高
资产的价值稳定性	资产的种类多种多样，公司资产能够随时间增值，也会随着时间迅速贬值。资产价值越稳定，市净率的有效性越高
净资产中的无形资产	传统企业净资产大部分都是有形资产，它们的价值比较容易衡量。但是无形资产是很难衡量其价值的，如公司品牌、行业话语权等
负债过大或者亏损	如果公司的负债不稳定，可能会干扰公司的净资产。当企业的资产大多是比较容易衡量价值且长期保值的有形资产，才适合用市净率来衡量

图 6-5　影响市净率的四个因素

6.1.4　股息率

股息是指公司根据股东或投资者出资比例或持有的股份，在不减少股东或投资者持有的股权资产的前提下，按照事先确定的固定比例向股东分配的公司盈余。

股息派发形式分为三种，如图 6-6 所示。

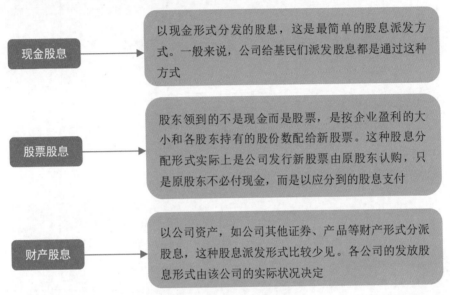

现金股息	以现金形式分发的股息，这是最简单的股息派发方式。一般来说，公司给基民们派发股息都是通过这种方式
股票股息	股东领到的不是现金而是股票，是按企业盈利的大小和各股东持有的股份数配给新股票。这种股息分配形式实际上是公司发行新股票由原股东认购，只是原股东不必付现金，而是以应分到的股息支付
财产股息	以公司资产，如公司其他证券、产品等财产形式分派股息，这种股息派发形式比较少见。各公司的发放股息形式由该公司的实际状况决定

图 6-6　股息派发的三种形式

股息率的英文为 Dividend Yield Ratio，它指的是现金分红与公司市值之间的比率。在投资实践中，股息率是衡量企业是否具有投资价值的重要标尺之一。

1．股息率与分红率的区别

股息率与分红率乍一看很相似，实际上两者相去甚远，具体区别有以下三点。

1）计算方式不同

股息率指的是现金分红与公司市值之间的比率；分红率指的是现金分红与企业总净利润之间的比率。

2）参考意义不同

股息率是衡量一个企业是否具有投资价值的标准；而分红率表示的是上市公司的盈利能力。

3）计算周期不同

股息率的计算周期为一年；而分红率的计算周期一般为一个月或一个季度，如果时间跨度太大，则分红率计算结果会失真，失去参考价值。

2．股息率的作用

通过股息率的定义可知，股息率＝股息／市值，而分红率＝股息／盈利，盈利收益率＝盈利／市值，所以股息率＝分红率 × 盈利收益率。那么，在实际投资中，股息率有什么作用？具体作用如图 6-7 所示。

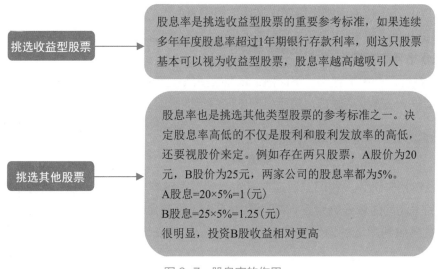

挑选收益型股票 → 股息率是挑选收益型股票的重要参考标准，如果连续多年年度股息率超过1年期银行存款利率，则这只股票基本可以视为收益型股票，股息率越高越吸引人

挑选其他股票 → 股息率也是挑选其他类型股票的参考标准之一。决定股息率高低的不仅是股利和股利发放率的高低，还要视股价来定。例如存在两只股票，A股价为20元，B股价为25元，两家公司的股息率都为5%。
A股息=20×5%=1（元）
B股息=25×5%=1.25（元）
很明显，投资B股收益相对更高

图 6-7　股息率的作用

6.2　盈利收益率法

本节我们要了解的是格雷厄姆的盈利收益率法。

6.2.1　格雷厄姆生平

对于格雷厄姆我们应该不陌生，他是股神巴菲特的老师，同时自己著的《聪明的投资者》《证券分析》等作品在投资圈广为人知，而且直到今天，他的代表作品仍具有阅读和借鉴意义。

格雷厄姆在上中学时，不仅喜爱文学和历史，对数学也有着浓厚的兴趣，其中数学缜密的逻辑和理智的思维对日后他从事金融和证券分析有不少的帮助。

1921 年，格雷厄姆从哥伦比亚大学毕业后，在纽伯格·亨德森·劳伯公司上班，那时候他还只是一名小小的信息员，不久后被提拔为证券分析师。

1923 年，年仅 29 岁的格雷厄姆离开了纽伯格·亨德森·劳伯公司，自立门户，创立了格兰赫私人基金。

1926 年，格雷厄姆与杰罗姆·纽曼创立了格雷厄姆·纽曼公司。

1928 年起，格雷厄姆在哥伦比亚大学执教。

1934 年年底，格雷厄姆出版了《有价证券分析》（*Security Analysis*）。

1949 年，格雷厄姆出版了《聪明的投资者》。

1956 年，格雷厄姆退休，格雷厄姆·纽曼公司解散。

1976 年，格雷厄姆病逝于法国艾克斯。

格雷厄姆在生前曾提出横断法、预期投资法、安全边际法、投资事业化管理、盈利收益率法等投资理论，对后世产生了深远的影响。

6.2.2 盈利收益率法介绍

经过相关统计，我们发现指数基金投资具有这样一个规律，当一个指数基金营收利率高的时候开始定投，那么取得的长期收益会很好；相反的是，当一个指数基金营收利率低的时候开始定投，那么取得的长期收益会很一般，甚至可能很差。

1）当盈利收益率大于 10% 开始定投

我们利用格雷厄姆盈利收益率法选基金主要有两个标准：其一是上面所说的盈利收益率大于 10%，其二是盈利收益率要在国债收益率的两倍以上。但是，我国近五年十年国债收益率最高为 2018 年 1 月 1 日的 3.944%，如图 6-8 所示，其两倍数值也远低于 10%，因此近段时间我们无须考虑第二个标准。

2）当盈利收益率大于 6.4% 分批卖出

这个 6.4% 是怎么来的？格雷厄姆认为指数基金的盈利收益率要大于 AAA 评级债券收益率的两倍，这里我们可以拿十年国债收益率做参考。当一个指数基金的盈利收益率低于 6.4% 时，我们可以将指数基金卖出，换成风险更低、收益更高的债券基金。

3）当盈利收益率大于 6.4%，但小于 10% 时，坚持定投该指数基金

目前，我国最适合使用盈利收益率法选基金的指数有中证红利、上证红利、

上证50、基本面50、上证50AH优选、央视50、恒生指数和恒生中国企业指数等。
对于以这些指数为跟踪标的的指数基金，我们可以直接运用盈利收益率法，即盈
利收益率大于10%开始定投，在6.4%~10%之间坚持定投，小于6.4%分批
卖出。

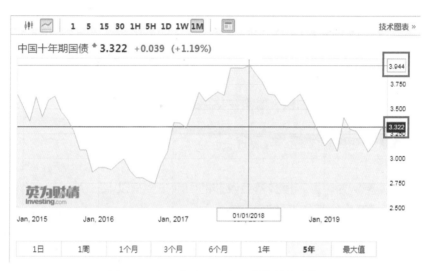

图6-8　近五年中国十年国债收益率走势

6.3　博格公式法

如果一个指数基金不适合用盈利收益率进行估值，这时候就需要用到另一位
大师的投资策略选基金，这个人就是投资大师——约翰·博格。

6.3.1　约翰·博格生平

约翰·博格是世界上第一只指数基金的发行人，被誉为"指数基金"之父，
是世界上第二大基金管理公司——先锋集团的创始人，与巴菲特、格雷厄姆、彼
得·林奇一起被《财富》杂志评为"20世纪4大投资巨人"。

1949年，约翰·博格在杂志上看到一篇有关共同基金的文章，遂以此作为
毕业论文的题材。后来他将自己写好的论文寄给该行业的重要人物，他因此获得
威灵顿管理公司掌管人瓦特摩根的赏识，毕业后便在威灵顿管理公司就职。

1974 年，约翰·博格因为威灵顿管理公司合并问题导致的股价大跌而被撤职，同年他使用英国海军将领纳尔逊在尼罗河战役中使用的船只——"先锋号"命名公司，成立了先锋集团。

1975 年，他以标准普尔 500 为跟踪标的，推出了世界上第一只指数基金——"第一指数投资信托"（First Index Investment Trust），之后第一指数投资信托更名为先锋 500 指数基金。

1977 年，博格让旗下基金为免手续费（No-load）销售，至 2012 年先锋集团管理的总资产高达 2 万亿美元。

2019 年 1 月 6 日，约翰·博格在美国逝世。

6.3.2 盈利收益率法介绍

约翰·博格认为，影响指数基金收益的因素主要有以下三个。

（1）指数基金投资初期的股息率；

（2）指数基金每年市盈率的变化率；

（3）指数基金每年的盈利变化率。

这三个数值加起来就是该指数基金的年复合收益率。具体表述为：

复合收益率 = 初期股息率 + 市盈率的变化率 + 盈利变化率

1．股息率

投资初期的股息率是最容易确定的，在我们买入指数基金的时候，这个数据就确定下来了，一般来说指数基金价格越比其内在价格低，则股息率越高。至于股息率的查询渠道，我们可以通过各大正规网站或公众号查询。

2．市盈率的变化率

当我们买入指数基金时，初期市盈率和初期股息率一样就确定了下来，但是我们无法确定未来的市盈率，这时候就要从历史市盈率中寻找规律。一般从长远来看，指数基金的市盈率会呈周期性变化。

比如，自始至今恒生指数就在 6~30 之间波动，如图 6-9 所示。

又比如，上证 50 指数自 2004 年创立以来，它的市盈率都在 9~50 之间波动，如图 6-10 所示。

当我们已经统计出该指数的波动范围与当前的市盈率处于历史市盈率哪个位置之后，如果当前市盈率处于较低的位置，就可以轻易地判断出它未来将是上涨的趋势。也就是说，我们要在该指数基金市盈率低的时候买入，这样才能获得较高的收益。

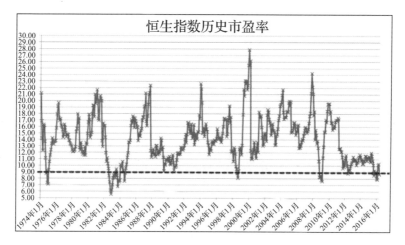

图6-9　恒生指数历史市盈率

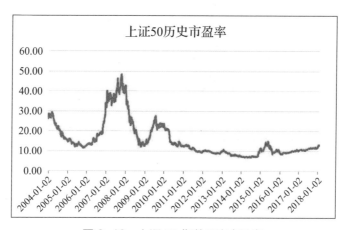

图6-10　上证50指数历史市盈率

3．盈利

对于指数基金而言，只要国家经济在不断发展，盈利就会不断上涨，只是具体到某个时期时，增速可能不一样。一般来说，国家经济景气时，盈利增长速度就快一些；当国家经济增长放缓时，盈利增长速度也会随之放缓。

4．总结

以上三个因素可以总结出这么一条选基规律：在股息率高或者该指数基金市

盈率处于历史较低位置时买入，等市盈率从低到高时便可盈利。

6.4 好用的选基平台

在大致了解了指数基金选购方法之后，本节主要为读者推荐一些比较靠谱和方便的选购指数基金的网上渠道。这里主要推荐移动端的选基平台和 Windows 电脑端的选基平台。

6.4.1 微信和支付宝

移动端购买基金，最放心和安全的渠道当然是腾讯和阿里巴巴分别推出的理财通和蚂蚁财富，而如今国人两大支付平台就是微信和支付宝，其入口分别在微信和支付宝内，可以说申购和赎回都很方便，如图 6-11 所示。

图 6-11 腾讯理财通（左）、阿里巴巴蚂蚁财富（右）

6.4.2 好卖网和天天基金

好买网是第三方基金代销机构，具有证监会颁发的牌照，平台上代销的基金数量众多，而且种类较为齐全，并获得了腾讯和联想的战略投资，平台安全性很高，如图 6-12 所示。

图 6-12　好买网

天天基金网和好买网一样，都是经过证监会批准的合法代销机构，而且它还是中国 A 股首家财经门户网站东方财富网的全资子公司，如图 6-13 所示。

图 6-13　天天基金网

第7章

掌握！
怎么使用懒人定投法

学前提示

　　指数基金定投被称为"懒人理财术"，它可以为投资者摊平风险，忽略市场指数的起起落落，达到轻松理财的效果，缺乏专业理财能力的投资者可优先考虑定投。虽然指数基金定投操作简单，容易上手，但要取得较好回报，也需掌握一定的投资技巧。

要点展示

- ≫ 何谓指数基金定投
- ≫ 定投复利计算
- ≫ 如何进行定投实操
- ≫ 基金定投小技巧

7.1 何谓指数基金定投

举个简单的例子，假设未来 30 年通货膨胀率按照平均 6% 增长，现在的 10 000 元钱存入银行，30 年后还会剩下多少？如表 7-1 所示。

表 7-1　30 年通货膨胀表现

时间	6% 的通货膨胀率 / 元
10 年后剩下	5386
20 年后剩下	2901
30 年后剩下	1563

由此可见，通货膨胀成了吞噬财富增长的无形杀手。那么，有什么更好的方法既能保证资金的安全，又能抵御通货膨胀，还能让钱生钱呢？

指数基金定投与银行储蓄中的"零存整取"极具相似之处，被称为"懒人定投"。对于指数基金的购买技巧而言，我们可以这么去理解指数基金定投，如果对于指数基金采取分批次买入的方法，就弥补了只选择某一个时间点来进行申购（买入）和赎回（卖出）的缺陷，可以均衡成本，使自己在投资中立于不败之地。

作为最适合社会新人投资的方式之一，指数基金定期定额投资的最大特点是准入门槛低。虽然每次最低只需投入一两百元，但是它不仅能实现资金的增值，还能间接地管住投资者的钱袋子。

7.1.1 基金定投的特点

基金定投是定期定额投资基金的简称，是指在固定的时间以固定的金额投资到指定的开放式基金中，类似于银行的零存整取方式，这样投资可以平均成本、分散风险，比较适合进行长期投资。

要认识基金定投，首先要了解基金定投的特点，基金定投的特点如图 7-1 所示。

基金定投适合指数型基金，往往业绩波动幅度大的基金反而更能体现出定投的优势，其主要特点如下。

1）平均成本，分散风险

普通投资者很难适时掌握正确的投资时点，常常可能是在市场高点买入，在市场低点卖出。而采用基金定期定额投资方式，不论市场行情如何波动，每个月固定一天定额投资基金，由银行自动扣款，自动依基金净值计算可买到的基金份额数。这样投资者购买基金的资金是按期投入的，投资成本也比较平均。

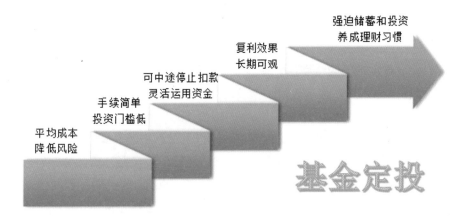

图 7-1　基金定投的特点

例如，小张购买了每期投资 1000 元的定投，当时基金净值为 1.18 元，2019 年 11 月基金净值降到 1.17 元，小张不但没有赔钱，还赚了钱。原因是基金净值高时，购买份额降低，基金净值低时，购买份额增加，平摊了资金成本。

2）适合长期投资

由于定投是分批进场投资，当股市在盘整或是下跌的时候，由于定投是分批承接，反而可以越买越便宜，股市回升后的投资报酬率也胜过单笔投资。对中国股市而言，长期看应是震荡上升的趋势，因此定投很适合长期投资计划。

例如，王女士 14 年前开始每月固定拿出工资中的 1000 元投资于上证指数模拟基金，14 年后共缴纳 10 万元。按照上证指数的实际走势模拟计算，在这 14 年间，基金定投已经为她积攒了 15 万元的资金，投资收益相当可观。

3）更适合投资新兴市场和小型基金

中长期定期定额投资绩效波动性较大的新兴市场或者小型海外基金，由于股市回调时间一般较长而速度较慢，但上涨时股市的上涨速度较快，投资者往往可以在股市下跌时积累较多的基金份额，因而能够在股市回升时获取比较好的投资报酬率。

4）自动扣款，手续简单

定期定额投资基金只需投资者去基金代销机构办理一次性的手续，此后每期的扣款申购均自动进行，一般以月为单位，但是也有以半月、季度等其他时间限期作为定期的单位的。相比而言，如果自己去购买基金，就需要投资者每次都亲自到代销机构办理手续。

7.1.2　指数基金定投的原则

在了解了基金定投的特点后，需要明确基金定投的原则，其主要体现在以下几个方面。

（1）设定理财目标。每个月可以定时扣款 1000 元或 3000 元，净值高时买进的份额数少，净值低时买进的份额数多，这样可分散进场时间。

（2）量力而行。定期定额投资一定要做得轻松、没负担，有些客户为分散投资标的而决定每月扣款 60 000 元，但一段时间后却必须把定期存款取出来继续投资，这样太不合算。建议投资者最好先分析一下自己每月的收支状况，计算出固定能省下来的闲置资金，1000 元、3000 元都可以。

（3）选择有上升趋势的市场。超跌但基本面不错的市场最适合开始定期定额投资，即便目前市场处于低位，只要看好未来长期发展，也可以考虑投资。

（4）投资期限决定投资对象。定期定额长期投资的时间复利效果分散了股市多空、基金净值起伏的短期风险，只要能遵守长期扣款原则，选择波动幅度较大的基金其实更能提高收益，而且风险越高的指数基金，长期报酬率越高。例如，较长期的理财目标是 5 年以上，就可以选择波动较大的指数基金。

（5）持之以恒。长期投资是定期定额积累财富最重要的原则，这种方式最好要持续 3 年以上，才能得到好的效果，并且长期投资更能发挥定期定额的复利效果。

（6）掌握解约时机。定期定额投资的期限也要因市场情形来决定，比如已经投资了两年，市场上升到了非常高的点位，并且分析之后行情可能将进入另一个空头循环，那么最好先行解约获利了结。

（7）善用部分解约，适时转换基金。开始定期定额投资后，若临时必须解约赎回或者市场处在高点位置，而自己对后市情况不是很确定，也不必完全解约，可赎回部分份额取得资金。若市场趋势改变，可转换到另一轮上升趋势的市场中，继续进行定期定额投资。

（8）要信任专家。开始定期定额投资时不必过分在意短期涨跌和份额数累积状况，在必要的时候可以听取专家的意见。

7.1.3　指数基金定投的风险

指数基金定投是一种长期投资理财和平均投资成本的投资方式，它具有投资风险，不一定能够保证投资人受益，所以它不能代替银行储蓄。只有在了解了指数基金定投的风险之后，我们才能更好地规避风险，获得基金投资收益。经过总结，指数基金定投风险主要有以下几种，如图 7-2 所示。

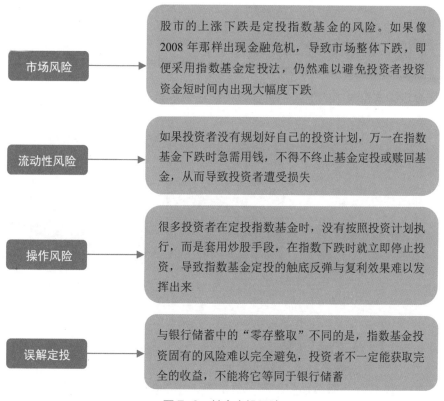

市场风险 → 股市的上涨下跌是定投指数基金的风险。如果像 2008 年那样出现金融危机，导致市场整体下跌，即便采用指数基金定投法，仍然难以避免投资者投资资金短时间内出现大幅度下跌

流动性风险 → 如果投资者没有规划好自己的投资计划，万一在指数基金下跌时急需用钱，不得不终止基金定投或赎回基金，从而导致投资者遭受损失

操作风险 → 很多投资者在定投指数基金时，没有按照投资计划执行，而是套用炒股手段，在指数下跌时就立即停止投资，导致指数基金定投的触底反弹与复利效果难以发挥出来

误解定投 → 与银行储蓄中的"零存整取"不同的是，指数基金投资固有的风险难以完全避免，投资者不一定能获取完全的收益，不能将它等同于银行储蓄

图 7-2　基金定投风险

7.1.4　适合指数基金定投的人群

一般来说，定投首选指数型基金，因为它较少受到人为因素的干扰，只是跟踪指数。那么指数基金定投适合什么人群？主要适合以下几个人群，如图 7-3 所示。

图 7-3　指数基金定投适合的人群

7.1.5　基金定投与普通申购的区别

基金定投与普通申购的区别主要体现在三个方面，如图 7-4 所示。

图 7-4　基金定投与普通申购的区别

7.2　定投复利计算

与被动型基金（指数基金）不一样的是，主动型基金受基金经理影响较大，中国的主动型基金更是波动较大，更换基金经理这个外部因素也会对主动型基金造成一定影响。

因此对于刚接触投资的人来说，定投指数基金是最省心和方便的。但是，在指数基金定投时我们会遇到定投复利的一些计算，这时候就需要掌握一些定投的计算公式和了解一些在线计算定投复利的网站。

7.2.1　快速计算年化收益

什么是定投复利？定投复利是指数基金定投时除本金产生利息外，在下一个计息周期内，计算总利息（以前各计息周期内产生的利息也包括在内）的计息方法。

1. 精确计算

1）计算第 N 年的收益

假设第一个周期投资的指数基金的资金为 P，某指数基金的年收益率是 $M\%$，则可以计算出第一个周期的收益为 $P \times (1 + M\%)$。第一个周期的本金加利息就是第二个周期的本金，于是第二个周期的收益可以表示为 $P \times (1 + M\%) \times (1 + M\%)$，即 $P \times (1 + M\%)^2$。同理，可以计算出第三个周期的收益的表达式：$P \times (1 + M\%)^3$。

发现规律没有？第一个周期表达式的指数是 1，第二个周期表达式的指数为 2……第 N 年周期表达式的指数为 N，所以第 N 年收益的表达式为 $P \times (1 + M\%)^N$。

我们来看具体的例子，从 2016 年起上证 50 指数近 3 年的平均收益率为 11.8%，小明这一年投入 10 000 元买了跟踪上证 50 指数的指数基金，那么根据公式可以计算出小明 2016 年的收益为 $10\,000 \times (1+11.8\%)$，计算结果为 11 180 元。

如果小明对这个指数基金又定投了两年，那么小明 2018 年的收益为 $10\,000 \times (1+11.8\%)^3$，计算结果为 13 974.15 元。

2）计算 N 年的总收益

计算总收益时，需要把每一年的收益都加起来，比如，两年的总收益可以表示为 $P \times (1 + M\%)+P \times (1 + M\%)^2$，三年的总收益可以表示为 $P \times (1 + M\%)+P \times (1 + M\%)^2+P \times (1 + M\%)^3$……N 年的总收益是 $P \times (1 + M\%)+P \times (1 + M\%)^2+P \times (1 + M\%)^3 \cdots +P \times (1 + M\%)^N$。根据等比数列求和公式，可以将 N 年的总收益表达式简化为 $P \times [(1+M\%)^{(N+1)}-1]/M\%$

来看具体例子，从 2016 年起上证 50 指数近 3 年的平均收益率为 11.8%，小明投入 10 000 元买了跟踪上证 50 指数的指数基金，那么可以根据公式求出他三年后的总收益为 $10\,000 \times [(1+11.8\%)^{(3+1)}-1]/11.8\%$，计算结果为 47 653.4 元。当然，如果投资者想取巧，可以参考图 7-5 的投资收益比较表，如图 7-5 所示，为投资方式的投资收益比较表。

到期总额	年收益率	年数	定投金额	启动金额	备注
¥ 155,929.29	5%	10	1000	0	定投1000元，10年，年收益5%
¥ 206,552.02	10%	10	1000	0	定投1000元，10年，年收益10%
¥ 292191.31	15%	10	1000	0	定投1000元，10年，年收益15%
¥ 825,492.62	5%	20	2000	0	定投2000元，20年，年收益5%
¥ 1,531,393.82	10%	20	2000	0	定投2000元，20年，年收益10%
¥ 3,031,909.95	15%	20	2000	0	定投2000元，20年，年收益15%
¥ 835,726.38	5%	30	1000	0	定投1000元，30年，年收益5%
¥ 2,279,325.32	10%	30	1000	0	定投1000元，30年，年收益10%
¥ 7,009,820.61	15%	30	1000	0	定投1000元，30年，年收益15%
¥ 1,671,452.76	5%	30	2000	0	定投2000元，30年，年收益5%
¥ 4,558,650.65	10%	30	2000	0	定投2000元，30年，年收益10%
¥ 14,019,641.21	15%	30	2000	0	定投2000元，30年，年收益15%
¥ 548,378.32	5%	20	1000	50000	定投1000元，20年，年收益5%
¥ 1,132,100.59	10%	20	1000	50000	定投1000元，20年，年收益10%
¥ 2,501,729.65	15%	20	1000	50000	定投1000元，20年，年收益15%
¥ 961,124.63	5%	20	2000	50000	定投2000元，20年，年收益5%
¥ 1,897,797.50	10%	20	2000	50000	定投2000元，20年，年收益10%
¥ 4,017,684.63	15%	20	2000	50000	定投2000元，20年，年收益15%

图 7-5 投资方式的投资收益比较表

2．估算

1）72 法则

72 法则是一种估算复利翻倍所需时间的方法，属于金融法则，又被称为 71 法则、70 法则或 69.3 法则。这里的 72 只是一个约数，具体计数结果则涉及对数函数，这里就不做过多的演算。

下面介绍 72 法则的具体运用。假设小明最初的投资资金为 12 000 元，年利率为 12%，则小明需要定投多少年才能将投资资金翻一番，也就是资金达到 24 000 元。我们可以直接估算：72÷12=6。根据计算结果可知，小明需要定投 6 年左右的时间才能将资金翻一番。

也就是说，如果指数基金年收益率为 $M\%$，那收益翻一番需要的时间就是 $72/M$（年）。根据这个规律，我们很容易就可以算出如果某指数基金年收益率为 6%，则其翻一番需要的时间是 12 年；而如果年收益率是 15%，翻一番需要的时间是 5 年，如果年收益率是 12%，那 18 年就可以翻三番，也就是 8 倍。

2）115 法则

与 72 法则相对应的还有 115 法则，它指的是资金增长为 3 倍所需的时间。

比如，小明最初的投资资金为 12 000 元，年利率为 12%，则小明需要定投多少年才能将投资资金变为 3 倍，也就是资金达到 36 000 元。我们可以直接估算：115÷12=9.58。根据计算结果可知，小明需要定投 9.58 年左右的时间才能将资金变为 3 倍。

从上面的计算中我们可以发现跟 72 法则一样的规律，如果指数基金年收益率为 $M\%$，那收益变为 3 倍需要的时间就是 $115/M$（年）。

3）70 法则

70 法则指的是贬值 50% 所需要的时间，这个法则可以用来估算通货膨胀使我们的现金贬值 50% 所需要的时间。

比如，小明的父亲是老一辈的人，他喜欢将现金藏在家里。假设目前通货膨胀率为 3.5%，小明父亲将 100 万元藏在家中，我们可以计算出小明父亲的现金多少年后贬值为 50 万：70÷3.5=20（年）。由计算结果可知，按照这个通货膨胀速度，只需要 20 年，小明父亲的 100 万现金就会贬值为 50 万，如图 7-6 所示。所以说，时间不仅是生命的杀手，也是我们财富的杀手。

最后我们通过一组数据感受一下定投复利的威力。如图 7-7 所示，假设我们拥有某项投资，一天的利率是 1%，那么只需要一年，我们的投资就能飙升 37 倍，1 元可以增值为 37.8 元；如果一天的利率为 2%，一年后 1 元可以增值为 1377.4 元。同样的，如果你的资金一天贬值 1%，一年之后你的资金就会缩水为 0.03 元；如果你的资金一天贬值 2%，一年之后你的资金就会缩水为 0.0006 元。从这组数据中可以看出定投复利的威力，同时也可以看出贬值对财富的侵蚀，以及高利贷欠款如何滚雪球般地增长。

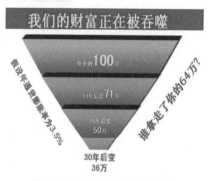

图 7-6　时间是财富的杀手

$$1.01^{365}=37.8$$
$$0.99^{365}=0.03$$
$$1.02^{365}=1377.4$$
$$0.98^{365}=0.0006$$

图 7-7　定投复利的威力

7.2.2 计算年化收益的工具

上面介绍的估算法只适合估算，实际计算具体的定投结果时还得按照上述的步骤一步步计算，这种手动计算容易出错，而且还需要查询该基金的收益率，对于想要快速得出精确结果的投资者来说，显得烦琐。鉴于此，本节将介绍两款工具来帮助我们快速计算指数基金的定投复利。

很多基金网站和第三方机构都推出了计算指数基金定投收益计算器，界面简洁明了，操作简单，对于投资者来说异常方便。如图7-8所示为华夏基金官网推出的定投计算器。

图7-8 华夏基金官网推出的定投计算器

一般来说，基金公司官网推出的定投计算器远不止一个，比如华夏基金官网计算器就包括基金收益计算器和交易费用计算器。其中基金收益计算器下有我们常用的计算器：定投体验计算器、定投金额计算器、定投收益计算器和投资收益计算器。交易费用计算器主要包括赎回费用计算、网上交易认申购费用计算，如图7-9所示。

打开定投体验计算器，在"定投基金"栏选择自己想要购买的华夏基金公司的指数基金（以华夏沪深300指数增强A为例），系统会自动计算出定投费率和赎回费率，如图7-10所示。

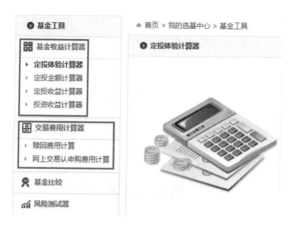

图 7-9 华夏基金官网计算器种类

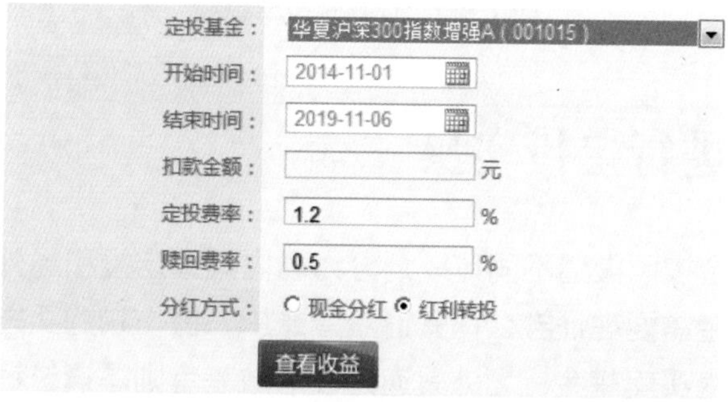

图 7-10 选择自己想要购买的华夏基金公司的指数基金

然后依次输入开始时间、结束时间、扣款金额，选择分红方式转投，即可查看模拟出的详细收益，如图 7-11 所示。

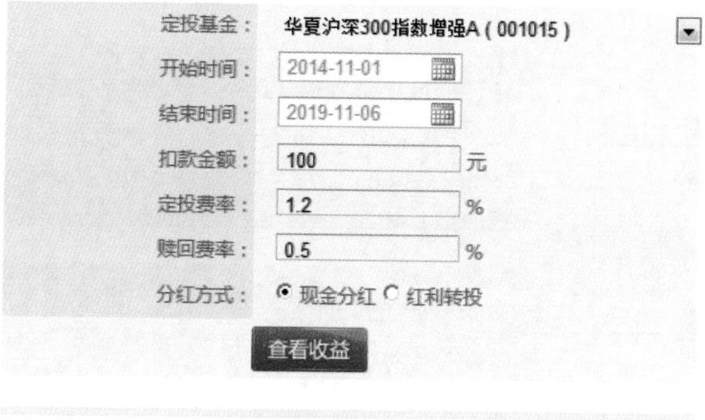

图 7-11 输入其他信息

若要计算定投总金额，可打开定投金额计算器，选择自己的定投类型后，依次输入每月定投金额、定投年限、风险承受能力，然后单击"计算"按钮，即可自动计算出投资总投金额与预计到期总金额，如图 7-12 所示。

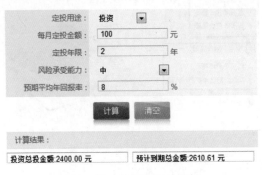

图 7-12　计算定投总金额

7.3　如何进行定投实操

定投指数基金按照渠道不同可以划分为场内渠道定投和场外渠道定投。场内渠道定投指数基金需要在证券公司开通股票账户，操作和购买方法与股票类似，场内基金交易称为买卖基金；场外渠道定投指数基金则是通过银行、网络平台来进行操作，场外基金交易称为申购赎回基金。

7.3.1　场内定投与场外定投的区别

先来说场内定投指数基金的优点，如图 7-13 所示。

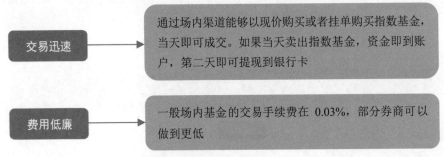

图 7-13　场内定投指数基金的优点

场内定投指数基金的缺点也很明显，一是需要投资者主动买卖指数基金，无法像场外定投那样定期扣款；二是场内指数基金数量少。

再来看场外定投指数基金的优点，如图 7-14 所示。

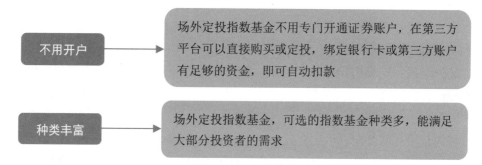

不用开户 → 场外定投指数基金不用专门开通证券账户，在第三方平台可以直接购买或定投，绑定银行卡或第三方账户有足够的资金，即可自动扣款

种类丰富 → 场外定投指数基金，可选的指数基金种类多，能满足大部分投资者的需求

图 7-14　场外定投指数基金的优点

场外定投指数基金的缺点正是场内定投指数基金的优点，二者是互补的。因此，场外定投指数基金的缺点是交易慢，到账也慢。而且场外申购或者赎回指数基金要在当天 15 点以前进行，这样才算是在当天进行交易，不然就要等到下一个工作日，如果在下一个工作日之前遇上国庆假之类的法定节假日，那么资金就会闲置一整个假期。

场内定投指数基金和场外定投指数基金的具体区别有以下六点。

1）购买渠道不同

场内定投：必须开通证券交易账号买卖。

场外定投：无须开通证券交易账户，直接通过银行、网上平台等第三方平台申购或赎回。

2）费率不同

场内定投：场内交易费率最高为 0.03%，相对来说比较便宜。

场外定投：虽然场外渠道可以一折购基，但是 0.15% 的申购费相对场内渠道来说还是要高一些，加之前面提过的定投复利，这个差距肯定会拉得更大。

3）数量不同

场内定投：可选指数基金品种不多。

场外定投：包含众多基金公司的指数基金产品，能满足大部分投资者的需求。

4）流动性不同

场内定投：因为场内基金可选品种不多，若当天买入同一指数基金的数量增多，容易使该指数基金溢价，人为推高了价格；若当天卖出同一指数基金的数量增多，又会导致该基金折价，人为拉低了该指数基金的价格。

场外定投：不会出现指数基金溢价、折价的现象。

5）价格波动不同

场内定投：场内价格是实时波动的，不是资深的投资者难以找到一个合适的买入点。

场外定投：与场内定投恰恰相反，场外渠道每天一个收盘价，比较适合刚入门的投资者。

6）投资方式不同

场内定投：需要自己手动交款。

场外定投：只要第三方渠道的账户里有足够的资金，就可以自动扣款。

7.3.2 场内定投的步骤

场内交易有特定的时间和地点，时间选择正常工作日即可，地点则不限于证券交易所的交易大厅，可以通过证券公司的股票交易软件来操作。下面以华泰证券公司开发的涨乐财富通 App 为例，其他证券公司的股票交易软件操作应该大同小异。

（1）打开涨乐财富通 App，单击最右端的"我的"按钮，单击"登录 / 注册"按钮，跳转至登录页面，选择"交易登录"选项，单击页面最下角的蓝色"在线开户"超链接，跳转至开户首页。当然，你也可以单击 App 底栏中间的"开户 / 交易"图标与字样，跳转至开户首页。

跳转至开户首页之后，单击"立即开户"按钮，跳转至新页面，然后按照提示依次输入手机号码、个人信息，绑定银行卡，即可开通证券账户，如图 7-15 所示。

（2）注册完账户之后，根据登录信息登录涨乐财富通 App，单击"行情"图标或者文字，选择或搜索自己想要投资的指数基金名称或代码，如图 7-16 所示。

（3）接下来打开指数详情页，下面我们来分析详情页每个数值的含义。如图 7-17 所示，"2977.63"代表的是最新成交价每一份 2977.63 元；"-0.97"和"-0.03%"代表的是当前价格相比昨日下跌 0.97 元，跌幅为 0.03%；"今开2978.15"代表的是今日开盘价为 2978.15 元；"最高 2988.96"是指今日截至目前的最高价为 2988.96 元；"昨收 2978.60"代表的是昨日收盘价为 2978.60元；"最低 2969.35"是指今日截至目前的最低价为 2969.35 元；"成交量

7224.98 万手"和"成交金 827.91 亿元"指的是到目前为止，已经成功交易了7224.98 万手，1 手等于 100 份，而成交额就是成交份额乘以当时成交单价的总和。

图 7-15　开通证券账户

图 7-16　选择指数基金

单击详情页下方的"买"按钮，即可跳转至指数基金购买页面，该页面基金代码的下面一行是委托价格，一般会有一个默认的价格显示在上面，它比实时价格高一些。下面一行我们设置的价格只要不超过当天 10% 的涨跌停限制即可。第二行要填的是买入数量，因为是以手为单位，100 份为一手，填写的份额必须是 100 的整数倍，如图 7-18 所示。

图 7-17　指数详情页　　　　　　图 7-18　买入基金

7.3.3　场外定投的步骤

场外定投可选的渠道很多，既可以在银行申购，也可以在基金公司官网上申购，当然最常见和最方便的是在支付宝、微信、蛋卷基金、天天基金等网络平台上申购指数基金。下面以支付宝为例介绍场外定投的步骤。在支付宝蚂蚁财富上定投指数基金是不需要开通证券账户的，只需要打开支付宝搜索"基金"即可，如图7-19所示。

图 7-19　打开支付宝搜索"基金"

进入"基金"主界面后，搜索自己想要定投的指数基金，单击下边的"定投"按钮完成风险评测即可定投该指数基金，操作简单方便，如图7-20所示。

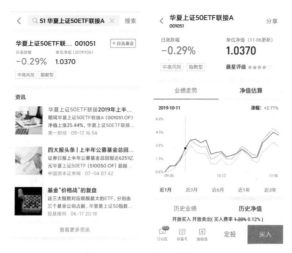

图 7-20　懒人定投

7.4　基金定投小技巧

在指数基金投资的过程中，掌握几个指数基金定投的小技巧，或许能帮你减少费率、提高获利。

7.4.1　确定合适的时间与目标

从策略上来说，如果投资者只针对一个或一类指数基金定投，是很不科学，正确的做法是利用资产配置投资不同的指数基金，以分散风险。除此之外，投资者还应该掌握恰当的时间和合适的目标，如图 7-21 所示。

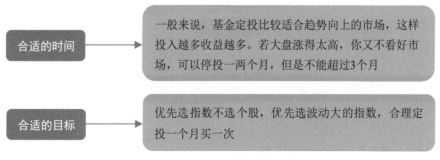

合适的时间	一般来说，基金定投比较适合趋势向上的市场，这样投入越多收益越多。若大盘涨得太高，你又不看好市场，可以停投一两个月，但是不能超过3个月
合适的目标	优先选指数不选个股，优先选波动大的指数，合理定投一个月买一次

图 7-21　确定合适的时间与目标

7.4.2 微笑定投法

刚入门的投资者要注意的是，收益与风险是投资的正反两面，指数基金也不例外，这就要求刚入门的投资者要有良好的心态，能灵活运用技巧。如图 7-22 所示为最常用的微笑定投法，它要求投资者拥有良好的心态和眼光，投资者在指数下跌时仍坚持基金"定投"，待股市上涨至"止盈点"时赎回。

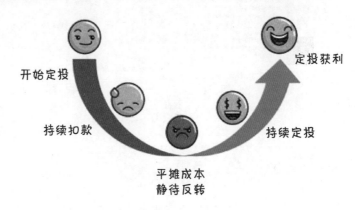

图 7-22　微笑定投法

第8章

技巧！
如何买卖指数基金

学前提示

　　第7章主要讲的是指数基金如何进行定投，以及在定投指数基金过程中用到的计算方法。这一章将详细地讲解如何开户购买指数基金，以及如何认购、申购或赎回指数基金。

要点展示

- ▶ 如何开户购买指数基金
- ▶ 指数基金认购与申购
- ▶ 指数基金暂停或拒绝申购
- ▶ 指数基金赎回

8.1　如何开户购买指数基金

指数基金的购买方式一般包括银行柜台交易、基金公司直销和证券公司代销三种，并且每种方式都各有其特点，投资者可以根据自身的具体情况选择合适的基金购买方法。

8.1.1　指数基金购买渠道

前文提过指数基金分为场内渠道购买和场外渠道申购，其中通过银行柜台交易、基金公司直销申购指数基金属于场外渠道申购，通过证券公司代销购买指数基金属于场内渠道申购。通过蚂蚁财富、同花顺等软件购买指数基金属于第三方代销平台申购。下面具体分析这三种常见的指数基金购买渠道。

1. 银行柜台交易

银行柜台交易的优点是银行的服务网点众多，投资者购买方便，并且银行在人们心目中的信誉非常好，直到现在，仍然有投资者认为去银行购买基金踏实、放心。银行是基金销售的最主要渠道，曾经一度占到90%以上的比例。

另外，银行还会同时与多家基金公司合作，代销多种基金产品，如果某些投资者想要多买几只指数基金做组合投资，在银行购买显然比较便利。但是，银行柜台交易也存在缺点，主要体现在以下这三个方面。

（1）银行代销的基金品种不多，银行不同，它们所代销的基金品种也千差万别。投资者如果要购买多只不同种类的指数基金，有时很难在一家银行办理妥当。

（2）一般来说，银行只代销一家基金公司旗下的部分基金，投资者以后如果需要办理指数基金转换等业务会很麻烦。

（3）投资者通过银行购买指数基金，一般来说不能获得申购费率的优惠。

2. 基金公司直销

基金公司直销分为两种，分别是基金公司柜台直销和基金公司官网直销。柜台直销是一个传统的销售渠道，以服务VIP客户为主，有专业的服务人员提供咨询服务，而且还可以获得费率上的优惠和折扣。其缺点是网点很少，且门槛也较高，不适合中小投资者。

随着网络的普及，大部分基金公司都已开设网上直销服务。网上直销指数基金的优点具体如下。

（1）网上直销只需要绑定一张银行卡即可，不受地域和时间（提供 7×24 小时服务）的限制，十分方便。

（2）大部分基金公司的网上直销都有费率优惠。

（3）大大节省了基金公司与代销渠道之间资金流动的时间，投资者赎回指数基金后，其资金可以更加快速到账。

其缺点如下。

（1）基金公司不同，所要求的结算卡也不尽相同。具体来说，使用建行卡的投资者可以购买华夏旗下的指数基金，但是不能购买广发旗下的指数基金；使用广发卡的投资者可以购买广发旗下的指数基金，但是不能购买上投摩根旗下的指数基金。因此，如果投资者购买多只指数基金的话，通常需要办理不同的银行卡，这对于投资者来说很不方便。

（2）投资者在不同的基金公司购买基金，最麻烦的是需要在每家基金公司的官网上开户、交易。当投资者要买的指数基金比较多且涉及多家基金公司时，相对证券公司的交易系统，操作是比较费时的。

（3）需要支付银联转账费用。

（4）还有一些基金公司尚未开通网上直销业务，而且并不是所有的基金公司直销都有费率优惠。

3．证券公司代销

一些证券公司会和某些基金公司进行合作，代销一部分基金产品，如果是股民转投指数基金，这种投资方式非常适合他们。普通投资者可持身份证到证券公司开户，开户时需办理与该证券公司合作的相关银行的银行卡。其优点如下。

（1）一般来说，大型券商代销的基金品种多，数量也多，如国泰君安、银河证券等，指数基金投资者可以通过券商的官方 App 或者官网交易系统，在统一的操作界面下进行指数基金买卖，十分方便。

（2）通过券商购买指数基金可以获得一定的申购费费率优惠。

同时，证券公司代销也存在以下缺点。

（1）相比银行和基金公司，券商对基金这块业务没那么熟悉，其服务人员普遍缺乏专业知识，投资者获得的基金咨询服务可能不够好。

（2）券商代销渠道有自己的官方 App，但是网点比较少。

（3）有些证券公司营业部的客户经理不会变通，以固化的股票操作思维误导刚入门的投资者，如经常有证券公司营业部的人员劝导投资者购买净值低的"便宜"指数基金。

4. 第三方代销平台

除了场内和场外两种渠道申购基金外，我们还可以在通过证监会批准的独立第三方基金销售机构申购基金，其中有名的第三方代销平台包括蚂蚁财富、天天基金等。

投资者通过第三方代销平台申购基金，其申购费率一般都是 4 折左右，相对于场内和场外申购而言，申购费率便宜了不少。但是，投资者在选择第三方代销平台时，应该注意以下这些问题。

（1）投资者需要留意第三方代销平台 App 或官网是否标明了代销资质。正规的第三方代销平台都会标明代销资质，甚至还会公布其代销编号。

（2）投资者通过证监会官网查询或确认该代销资质。

（3）投资者通过证监会官网下载《证券投资基金托管人名录》即可核对第三方代销平台的托管银行。

8.1.2 选择合适的购买方式

不同的指数基金投资者要根据自身情况选择不同的购买方式，具体来说包括以下几点。

（1）对于有较强专业能力（包括能对基金产品进行分析、有条件上网办理业务）的投资者来说，基金公司直销是不错的选择。只要自己精力足够，可以通过产品分析比较以及网上交易自己进行基金的投资管理。

（2）对于上班族来说，证券公司网点的便捷管理更适合，他们只需要一个账户就能实现多重投资产品的管理，也可以利用网上交易或者电话委托进行操作，辅助以证券公司的专业化建议来提高指数基金投资收益水平。

（3）对于中老年投资者或者是比较保守的投资者来说，可以利用银行网点众多的便利性完成基金投资，或者依靠证券公司客户经理的建议通过柜台等方式购买合适的指数基金。

8.1.3 办理开户手续

前文已经提到过，投资者买卖指数基金之前，需要办理基金开户手续，即要开设基金账户和交易账户。

1. 开设基金账户

下面分别是在银行、基金公司和证券公司开设基金账户的方法。

（1）在银行开设基金账户很简单，只需要办理一个银行活期存折，带上身份证，想要购买哪个基金公司的基金就开相应的基金账户即可。在开户的同时可以开通网上银行和电话银行业务，便于投资者在家自行操作，不必每次都去银行。

（2）在基金公司开设基金账户也很简单，首先需要带上居民身份证到银行办张银行卡，同时开通网上银行服务；然后在有关基金公司的网站上开通基金账户，即可进行买卖。

如果投资者以前曾在银行或证券公司开立过基金账户，则无须再开设新的基金账户，直接使用原先的即可。

（3）在证券公司开设基金账户相对来说比较复杂，因为需要先开设资金账户，再开设基金账户。如果投资者是股民，因为在炒股的时候已经开设了资金账户，现在只需要开设某个基金公司的基金账户即可；如果投资者是基民，则需要先开设资金账户（在银行办理），然后再到证券公司开设基金账户。

2. 开设交易账户

交易账户是销售机构为投资者开立的，用于记录投资者通过该销售机构办理基金交易所引起的基金份额的变动及结余情况的账户。

一个投资者在一家基金管理公司只有一个基金账户，但是可以有多个交易账户，如在农行开一个，在某证券公司开一个。两个交易账户都可以进行买卖交易，也可以将基金从一个交易账户转到另一个交易账户，也就是转托管。

基金账户和交易账户是一对多的关系，一个投资者在银行只有一个交易账户，但是可以购买多个基金公司的基金，这时是一个交易账户对多个基金账户。

3. 如何办理开户手续

下面介绍指数基金开户的一般流程，以及开户时需要提供的资料。

1）指数基金的开户流程

因为指数基金属于开放式基金，所以它有以下两种开户方式。

第一，直销柜台开户。投资者首先填写《开放式基金账户申请表》，并提供有效身份证明复印件、同名银行存折，然后传真或者邮寄到直销中心，通过基金公司客服查询基金账号或寄送《基金开户交易确认单》。

第二，网点柜台开户。首先填写《开放式基金账户申请表》，然后将填好的表格和有效证件提交柜台业务人员，客户自行设置交易密码和查询密码，接着柜台人员回复《开户受理回执》，最后客户于T+2日可以通过电话、网络或者前往代销网点查询申请确认结果。

2）开户需要提供的资料

在柜台开户需要提供的资料根据投资主体的不同可分两种情况。如果是个人开户，需要持本人有效证件的原件（包括居民身份证、警官证、军官证、士兵证及护照等）、本人银行卡或者存折。

如果是机构进行开户，除了提供经办人的有效身份证原件及复印件之外，还需要提供法人代表的身份证复印件、法人授权书《开放式基金账户申请表》（填写并加盖公司公章和法人代表章）、营业执照或者注册登记证原件及复印件，指定银行账户的《开户许可证》或者《开立银行账户申请表》原件以及复印件等资料。

8.2 指数基金认购与申购

先来说指数基金的认购。指数基金认购是指投资人在基金募集期内购买基金的行为，认购价格为基金的单位面值加上少量手续费。投资者办理认购等基金业务的时间为开放日，具体业务办理时间以销售机构公布的时间为准。

投资者认购指数基金应在基金销售点填写认购申请书，交付认购款项。

8.2.1 指数基金认购的流程

指数基金的认购流程并不是一成不变的，投资者在实际操作中应该以招募说明书以及发行公告书为准。投资者参与认购的流程如下。

1．认购

个人投资者需提供本人居民身份证、基金账户卡（当场发放）、代销网点当地城市的本人银行借记卡（卡内必须有足够的认购资金）和已经填好的《银行代销基金认购申请表（个人）》等资料进行基金认购。

机构投资者提供已经填好的《认购申请书》、基金账户卡、划付认购资金的贷记凭证回单复印件或者电汇凭证回单复印件，以及机构经办人身份证原件到直销中心进行认购。

2. 缴款

机构投资者申请认购指数基金，应先到指定银行主动将足够金额认购资金从指定银行账户以"贷记凭证"或者"电汇"方式，按规定划入"基金管理人申购专户"，并确保在规定时间内到账。

除此之外，机构投资者还需要提供已填好的《银行代销基金认购申请表》、基金账户卡以及经办人居民身份证原件到代销网点进行认购。

3. 确认

在基金成立之后，投资者可以向各基金销售机构直接查询自己的认购结果，也可以到各基金销售网点打印《认购成交确认单》。此外，基金公司将在基金成立之后按预留地址将《客户信息确认书》和《交易确认书》邮寄给投资者。

8.2.2 指数基金认购的相关计算

与指数基金认购相关的计算公式如下。

（1）认购费用 = 净认购金额 × 认购费率。由此可以得出：认购费率 = 认购费用 / 净认购金额，即认购费率就是认购费用与净认购金额之比率。

（2）净认购金额 = 认购金额 − 认购费用。由此可见，净认购金额 = 认购金额 − 净认购金额 × 认购费率，即净认购金额 = 认购金额 /（1+ 认购费率）。

（3）认购份额 = 净认购金额 / 认购当日基金份额面值，基金份额面值通常为 1 元 / 份。

8.2.3 指数基金申购的流程

什么是指数基金申购？申购是指在基金成立后投资者申请购买基金份额的行为。基金封闭期结束后，若申请购买开放式基金，习惯上称为基金申购，以区分在发行期内的认购。其实基金的申购，就是买进。

申购指数基金的一般流程如下。

1. 开立基金账户和交易账户

投资者先到银行填写个人信息表格，出示个人身份证明及客户印章（或签名），存入一定量的现金来开立基金账户和交易账户。指数基金一般都有最低申购额，通常为 1000 元，基金定投的最低申购额普遍比较低，有的只需要 100 ～ 200 元。

2．确认申购金额

指数基金的申购价格一般是当日基金净值加上一定比例的申购费。为了鼓励申购，有些开放式基金是不收申购费的。

由于当日基金净值只有在当日股票市场收市后才能计算，所以在这之前申购基金，不确定购买数量，只能填写购买金额，待申购日基金净值算出来后，才知道具体申购数量。

3．支付申购款

将申购资金划入相应的基金管理公司。

4．申购确认

基金管理公司在交易日后，一般3天左右，会为客户提供《成交确认书》，客户也可以通过电话来查询成交情况。

8.2.4　指数基金申购的费用

目前国内通行的申购费计算公式为：申购费用＝申购金额 × 申购费率，净申购金额＝申购金额－申购费用。

我国《开放式投资基金证券基金试点办法》规定，开放式基金可以收取申购费，但申购费率不得超过申购金额的5%。因此，目前指数基金的申购费率通常在1%左右，并随申购金额的大小有相应减少。

例如，南方稳健成长基金规定的申购费标准如表8-1所示。

表8-1　申购费标准

申购金额（M）（万元）	申购费率（%）
$M < 100$	2.0
$100 \leqslant M < 500$	1.8
$500 \leqslant M < 1000$	1.5
$M \geqslant 1000$	1.0

8.2.5　认购和申购的区别

指数基金的认购和申购是购买基金在两个不同阶段的说法。

（1）在一只基金募集期间，如果投资者购买基金份额，称为认购，每个单位基金份额净值为1元。

（2）申购指的是在基金募集期结束，基金成立之后，投资者依照基金销售网点规定的手续购买基金份额，此时由于基金净值已经反映了其投资组合的价值，因此每单位基金份额净值不一定为1元，可能高于也可能低于1元，故同一笔资产认购和申购同一基金所得到的基金份额数有可能不同。

8.3　指数基金暂停或拒绝申购

一般来说，在规定时间内投资者向基金管理公司提出申购基金份额的申请时，基金管理公司应该受理投资者的申请，为投资者办理相关的申购手续。但是，根据有关规定，在满足事先约定的条件下，即使在基金开放日期间，基金管理公司也可以不再接受投资者的申购申请，暂停或拒绝申购。

8.3.1　暂停申购的条件

暂停申购是根据《证券投资基金运作管理办法》的有关规定进行的，具体指的是即使在基金开放日期间，基金管理公司也可以暂时停止办理申购申请的一种限制措施。

为保护投资者的权益，防止基金规模的过分扩大，根据《证券投资基金运作管理办法》第三章第二十一条的规定，开放式基金的基金合同可以约定基金达到一定的规模，基金管理人不再接受认购、申购申请，但应当在招募说明书中载明。并规定，基金合同生效后，基金管理人可按照基金合同的约定，根据实际情况调整基金规模。

因此，基金管理人当发现基金已达到一定规模时，便可以采取暂停申购的限制措施，以控制基金规模的进一步扩大。此时，投资者就暂时不能提出申购申请，只有等到基金管理人发出公告宣布取消暂停申购状态，才能再次提出申购申请。

8.3.2　暂停申购的实施

暂停申购应按照如下步骤实施，如图8-1所示。

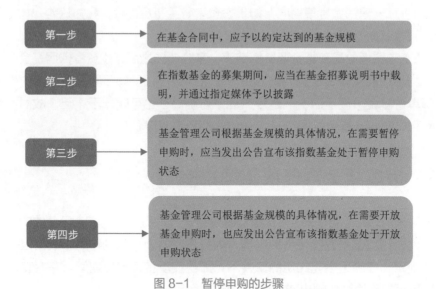

第一步	在基金合同中，应予以约定达到的基金规模
第二步	在指数基金的募集期间，应当在基金招募说明书中载明，并通过指定媒体予以披露
第三步	基金管理公司根据基金规模的具体情况，在需要暂停申购时，应当发出公告宣布该指数基金处于暂停申购状态
第四步	基金管理公司根据基金规模的具体情况，在需要开放基金申购时，也应发出公告宣布该指数基金处于开放申购状态

图 8-1　暂停申购的步骤

8.3.3　拒绝或暂停申购的条件

拒绝申购是指基金管理公司根据有关规定，在出现相应情形时，可以拒绝办理申购申请的一种限制措施。

除了出现以下情形，基金管理公司不得拒绝或暂停基金投资者的申购申请。

（1）不可抗力。

（2）证券交易场所在交易时间非正常停市。

（3）由于其他原因对基金业绩产生负面影响，会损害现有基金持有人的利益。

（4）基金管理人认为会有损于现有基金持有人利益的其他申购。

（5）基金管理人、基金托管人、基金销售代理人和注册与过户登记人的技术保障或人员支持等不充分。

（6）经中国证监会同意认定的其他情形。

8.4　指数基金赎回

指数基金赎回是投资者将已经持有的指数基金单位出售给基金管理公司，收回资金的行为。简单地说，指数基金的赎回就是卖出，并且赎回指数基金后，资金需要 3～5 个工作日才能进到投资者的账上。

8.4.1 巨额赎回和连续赎回

巨额赎回是指当指数基金的当日净赎回量超过基金规模的 10% 时，基金管理人可以在接受赎回比例不低于基金总规模 10% 的情况下，对其余的赎回申请延期办理。巨额赎回申请发生时，投资者可以选择连续赎回或者取消赎回。

连续赎回是指投资者对于延期办理的赎回申请部分，选择依次在下一个基金开放日进行赎回。

8.4.2 指数基金赎回的流程

简单地说，指数基金赎回就是投资者买了指数基金，不想要了，就把它卖给基金管理公司，其具体流程如下。

（1）发出赎回指令。投资者到银行或者基金管理公司柜台下达赎回指令，也可以通过电话、传真甚至互联网下达赎回指令。

（2）赎回价格的确定。开放式基金的赎回价格是当日基金净值减去一定比例的赎回费用。国外有的开放式基金不收取赎回费用。与申购情形一样，只有当日股票市场收市后，投资者才能知道自己赎回基金的价格。

（3）领取赎回款。在交易日后的 3～5 天内，投资者即可领取赎回款项。

8.4.3 指数基金赎回的条件

基金是中长期投资品种，一般情况下，投资者不要过多地在乎基金一时的价格波动，但是长期投资并不是无限投资，投资者最终要通过赎回来实现利益。

投资者赎回基金的一般条件如下。

（1）当基金管理公司发生重大的人事变动时。

（2）当自己的收支状况发生重大变化或需要一笔较大资金时。

（3）当整个证券市场持续大幅下滑时。

（4）当所投资基金的净资产值持续下跌时。

8.4.4 指数基金赎回的策略

在需要赎回指数基金时，可以采取以下策略。

（1）提前准备。如果投资者能预计自己需要现金的日期，最好提前一个月便开始考虑赎回计划。如果到期才赎回基金，若遇上市场不景气，基金净值下跌，赎回价未必是投资者最满意的价格，所以留出一段机动时间对掌握主动权比较有利。

（2）赎回业绩较差的指数基金。如果投资者手中持有多只指数基金，应先赎回表现比较差的指数基金，因为它的投资组合很可能存在一定问题，而表现好的指数基金往往是因为有优秀的基金经理和优秀的基金管理公司，其优良表现持续下去的可能性比较大。

（3）转换基金。市场的变化很难捉摸，即使是专业的投资人士也不可能都判断准确，恐慌的时候可能蕴藏着机会，如果选择赎回，也许日后要花更高的代价才能买回。因此投资者不妨采取转换投资的方式，即赎回指数基金的同时购买另一只基金。

第9章

规划!
怎么做好定投方案

学前提示

　　对于某些投资者而言，怎么合理投资指数基金、货币基金和债券基金，如何合理配置自己的家庭资产? 需要做好定投计划。

要点展示

- ➤ 实行符合自己的定投计划
- ➤ 货币基金
- ➤ 债券基金
- ➤ 家庭资产配置

9.1 实行符合自己的定投计划

为什么要制订并实行符合自己的定投计划?

对于普通投资者或者刚入门的投资者来说，他们没有专业的知识储备，没有过高的择时能力和市场敏锐度，同时也没有足够良好的风险承受能力，于是制订并实行符合自己的指数基金定投计划就显得格外重要。如图 9-1 所示为制订并实行符合自己的定投计划带来的优势。

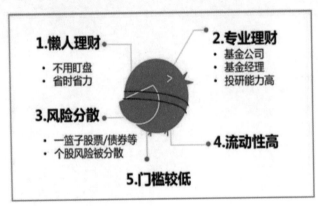

图 9-1　制订并实行符合自己的定投计划带来的优势

9.1.1 量力而行

一般来说，想要定投指数基金，就要做好投资周期超过 3 年的心理准备。通过前文的学习可知，拉长指数基金投资的时间战线，可以有效降低指数波动带来的风险。

但是，在投资指数基金之前，要清楚自己的投资目的，同时还要清楚自己的财务状况，看看自己每月有多少钱进账，又会花掉多少钱，多少钱可以用来定投，这样才能更好地做出一个符合自己的指数基金定投计划。

俗话说："巧妇难为无米之炊。"一个投资者身上没有足够的资金是无法进行指数基金定投的。因此，我们有必要梳理自己的资金来源，每个月有多少资金进账，有多少资金支出，这个月哪些消费是冲动消费，下个月可以节省下来。只有清楚自己每个月的收入和支出，才能制订出一个更完美的定投计划。当然，记账时可以借助电子便签或者记账 App，如图 9-2 所示。

图 9-2 某记账 App

梳理资金时应该从以下几个方面着手，如图 9-3 所示。

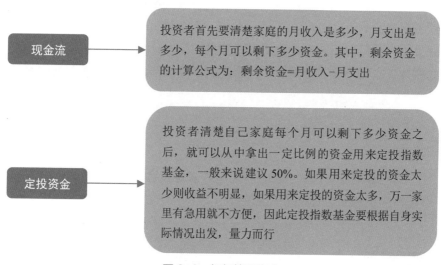

| 现金流 | 投资者首先要清楚家庭的月收入是多少，月支出是多少，每个月可以剩下多少资金。其中，剩余资金的计算公式为：剩余资金=月收入-月支出 |

| 定投资金 | 投资者清楚自己家庭每个月可以剩下多少资金之后，就可以从中拿出一定比例的资金用来定投指数基金，一般来说建议 50%。如果用来定投的资金太少则收益不明显，如果用来定投的资金太多，万一家里有急用就不方便，因此定投指数基金要根据自身实际情况出发，量力而行 |

图 9-3 如何梳理资金

1．规划投资资金

投资者除了要清楚自己家庭每个月可以拿出多少资金定投外，还需要做长远的规划，在接下来的大约两年多的时间中，投资者需要自己预计累计的定投金额。投资者需要自己预计的资金有两类，如图 9-4 所示。

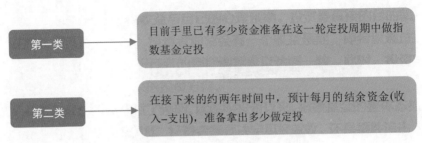

| 第一类 | 目前手里已有多少资金准备在这一轮定投周期中做指数基金定投 |
| 第二类 | 在接下来的约两年时间中，预计每月的结余资金(收入–支出)，准备拿出多少做定投 |

图9-4　投资者需要自己预计的资金

投资者想要预计在一轮定投周期中定投的总金额，将上述两类资金相加即可。

值得定投新手注意的是，在一轮定投周期中，严格执行自己拟定的定投计划，不能过于松懈，在做计划时要考虑到定投的资金一定是能够坚持长期定投的闲钱，防止在定投中途急需用钱而赎回，打乱自己的长远定投计划，造成不可挽回的损失。

2．设置好定投日期

定投日期可以是月初，可以是月中，也可以是月末，这个没有硬性规定，投资者可根据自己的习惯设置定投日。虽然定投日设定在哪一天并无分别，但是笔者建议设置在发薪日后一天至两天，以保证有足够的资金用来定投。

此外，如果投资者选择的是定期不定额的定投计划（在购买指数基金时选择的是"买入"，而不是"定投"），就不能自动扣款，只能靠投资者自己手动定投资金。

9.1.2　挑选指数基金

9.11节已经提到，投资者的目标不同，其定投金额、期限自然各不相同。如图9-5所示为挑选指数基金时的建议。

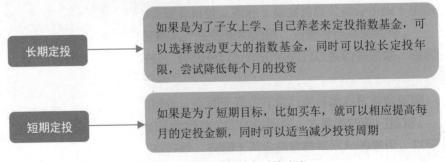

| 长期定投 | 如果是为了子女上学、自己养老来定投指数基金，可以选择波动更大的指数基金，同时可以拉长定投年限，尝试降低每个月的投资 |
| 短期定投 | 如果是为了短期目标，比如买车，就可以相应提高每月的定投金额，同时可以适当减少投资周期 |

图9-5　挑选指数基金时的建议

怎样定投指数基金才能获得最大的收益？有三种常见的小技巧。

1. 选择波动较大的指数基金

如果条件允许（结合自己的工资水平、定投目标等具体分析），投资者可以考虑选择波动大的基金，在基金便宜时投资可用同样的资金申购到更多的基金份额，一旦反弹起来效果更明显，而且用指数基金定投的方式分散投入，也能平滑高风险基金波动。可以做一个假设，一次性买 1000 元的指数基金和分散购买 1000 元的指数基金，买到的价格可能都差不多，但是指数基金定投平均成本的作用就发挥不出来了。如图 9-6 所示为各个指数 2010—2018 年年化波动率和年化收益率对比表。从图中可以看出，创业板指数年化收益最好，同时，它的波动也最大。

指数名称	市盈率(%) PE(TTM)倍	市净率(%) PB(LF)倍	年化波动率(%) (2010.5.4至今)	年化收益率(%) (2010.5.4至今)
创业板指	43.94	4.35	31.40	13.03
中证500	25.29	2.22	26.97	7.87
中小板指	29.80	3.86	25.20	6.78
上证50	10.34	1.23	23.55	6.63
中证800	14.07	1.60	22.52	6.41
沪深300	12.74	1.50	22.16	6.27
上证全指	12.41	1.41	22.46	6.17
上证180	11.19	1.32	22.52	6.17
深证100	20.39	2.67	23.43	6.07

图 9-6　各个指数 2010—2018 年年化波动率和年化收益率对比表

2. 定投费率低的指数基金

前文已经提过，巴菲特曾多次推荐的基金就是指数基金，他特别推荐费率较低的指数基金。下面以中海上证 50 指数增强（399001）为例来分析，如图 9-7 所示。

经过相关数据统计，如果从 2015 年开始定投中海上证 50 指数增强基金，每个月定投 500 元，其收益率高达 11.41%。从图 9-8 中可以看出，指数基金定投并不是不赚钱，而是要耐得住性子，遵循定投微笑曲线，这样才能赚钱。当然，如果投资者耐不住性子，没有遵循定投微笑曲线，选择 2015—2016 年期间收益为负的情况赎回，显然是一场失败的投资。

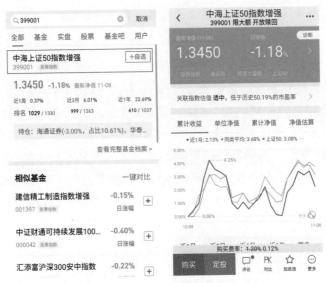

图 9-7　中海上证 50 指数增强（399001）

2015-04-30	1.3190	500	500	379.08	379.08	500.00	0.00%
2015-05-29	1.2910	500	1000	387.30	766.37	989.39	-1.06%
2015-06-30	1.1710	500	1500	426.99	1193.36	1397.42	-6.84%
2015-07-31	1.0450	500	2000	478.47	1671.83	1747.06	-12.65%
2015-08-31	0.9400	500	2500	531.91	2203.74	2071.52	-17.14%
2015-09-30	0.9160	500	3000	545.85	2749.59	2518.63	-16.05%
2015-10-30	0.9840	500	3500	508.13	3257.72	3205.60	-8.41%
2015-11-30	0.9950	500	4000	502.51	3760.24	3741.43	-6.46%
2015-12-31	1.0290	500	4500	485.91	4246.14	4369.28	-2.90%
2016-01-29	0.8430	500	5000	593.12	4839.26	4079.50	-18.41%
2016-02-29	0.8260	500	5500	605.33	5444.59	4497.23	-18.23%
2016-03-31	0.9250	500	6000	540.54	5985.13	5536.25	-7.73%
2016-04-29	0.9130	500	6500	547.65	6532.78	5964.42	-8.24%
2016-05-31	0.9210	500	7000	542.89	7075.66	6516.69	-6.90%
2016-06-30	0.9150	500	7500	546.45	7622.11	6974.23	-7.01%

图 9-8　2015 年 4 月—2016 年 6 月中海上证 50 指数增强基金收益

　　如果从 2015 年 4 月起该投资者坚持定投中海上证 50 指数增强基金，到 2017 年 12 月或者 2018 年初，如图 9-9 所示，该指数基金收益已超过预期，比如达到 21% 或者 30% 的收益率的时候，选择停止定投，然后退出，则是一次成功的指数基金定投。对于普通的投资者来说，能实现一个投资小目标已经很不错了，切忌贪得无厌。

　　3. 红利再投

　　红利再投就是把基金分红折算成基金份额再投资。这样做的好处是，可以享受到复利的增长效应。

2017-01-26	1.0000	500	11000	500.00	11219.78	11219.78	2.00%
2017-02-28	1.0000	500	11500	500.00	11719.78	11719.78	1.91%
2017-03-31	0.9910	500	12000	504.54	12224.32	12114.30	0.95%
2017-04-28	0.9910	500	12500	504.54	12728.86	12614.30	0.91%
2017-05-31	1.0440	500	13000	478.93	13207.79	13788.93	6.07%
2017-06-30	1.0810	500	13500	462.53	13670.32	14777.62	9.46%
2017-07-31	1.1300	500	14000	442.48	14112.80	15947.47	13.91%
2017-08-31	1.1640	500	14500	429.55	14542.36	16927.30	16.74%
2017-09-30	1.1520	500	15000	434.03	14976.38	17252.79	15.02%
2017-10-31	1.2050	500	15500	414.94	15391.32	18546.54	19.66%
2017-11-30	1.2390	500	16000	403.55	15794.87	19569.85	22.31%
2017-12-31	1.2360	500	16500	404.53	16199.40	20022.46	21.35%
2018-01-31	1.3390	500	17000	373.41	16572.82	22191.00	30.54%

图 9-9 2017 年 1 月—2018 年 1 月中海上证 50 指数增强基金收益

大家都知道，红利再投是不收申购费的，从长远来说，红利再投肯定比现金分红收益更大。

当然复利也是一把"双刃剑"，如果市场长期稳定向上，那复利就是锦上添花；反之，则是不断地亏损，所谓的复利效应也无"用武之地"！

9.2　货币基金

通过前面的学习，我们已经了解了指数基金投资，也知道了指数基金投资最适合做长期的投资，如果我们的资金短期有不确定性用途，可以进行其他投资，比如货币基金和债券基金。

9.2.1　什么是货币基金

随着余额宝为代表的余额理财产品的崛起，货币基金已成为公募基金的中坚力量，且正成为银行活期存款的有力竞争对手。

1. 货币基金知识

由于互联网理财产品的本质是货币基金，因此投资者想要真正了解互联网理财产品，就必须了解货币基金。货币市场基金投资的范围都是一些高安全系数和稳定收益的品种，在通常情况下能获得高于银行存款利息的收益，但货币基金并不保障本金的安全。货币基金的相关知识如图 9-10 所示。

货币基金资产主要投资于短期货币工具（一般期限在一年以内，平均期限 120 天），如国债、央行票据、商业票据、银行定期存单、政府短期债券、企业债券（信用等级较高）、同业存款等短期有价证券。

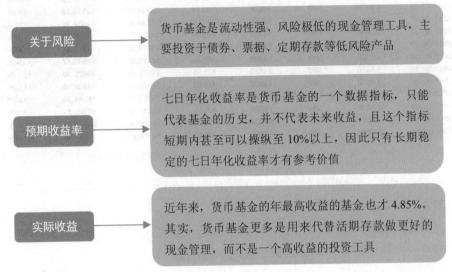

关于风险	货币基金是流动性强、风险极低的现金管理工具，主要投资于债券、票据、定期存款等低风险产品
预期收益率	七日年化收益率是货币基金的一个数据指标，只能代表基金的历史，并不代表未来收益，且这个指标短期内甚至可以操纵至10%以上，因此只有长期稳定的七日年化收益率才有参考价值
实际收益	近年来，货币基金的年最高收益的基金也才4.85%。其实，货币基金更多是用来代替活期存款做更好的现金管理，而不是一个高收益的投资工具

图 9-10　货币基金的相关知识

在基金投资中，有两个非常重要的数据，这就是七日年化收益率与每万份收益，这两个数据与基金的收益息息相关。下面，就让我们来认识一下这两个数据。

（1）七日年化收益率：是指货币基金最近 7 日的平均收益水平，进行年化以后得出的数据，如图 9-11 所示。因为七日年化收益率是表示 7 天内基金的收益值，所以它只是一种短期指标，通过它可以大概估算出近期的盈利水平。

图 9-11　南方现金通 E 七日年化收益率

（2）每万份收益：是指把货币基金每天运作的收益平均摊到每一份额上，然后以 1 万份为标准进行衡量和比较的数据。因为货币基金的每份单位净值固定为 1 元，所以每万份单位收益通俗地说就是投资 1 万元当日获利的金额。

如今，很多基金网站或者投资机构不仅会给出基金的 7 日年化收益率，还会相应地计算出 3 日年化收益率、14 日年化收益率、30 日年化收益率等，这些数据可供不同期限的投资者参考。

2. 货币基金投资误区

现金管理工具主要有活期存款、短期定期存款和货币基金，其中最出色的莫过于货币基金。以余额宝为代表的 T ＋ 0 如今基本上已经取代了银行活期存款和短期定期存款。

但是，对于普通投资者而言，如果不了解现金管理背后的现金使用行为和投资，就会出现一些投资误区，如下所示。

1）把所有钱都存在货币基金里

货币基金的年收益一般在 3% ～ 5%，如果仅用来管理现金，由于货币基金具备极强的流动性，因此收益不会太高。投资者应将主要的投资资金放在其他有更大收益的理财产品中，这样的投资才更科学合理。

2）只看到投资收益

一些投资者眼里只有货币基金的低风险，认为收益比储蓄高的货币基金是十分值得投资的，因此往往忽略了资金流动性的问题。

3）频繁更换平台

如果投资者只有少量钱放在货币基金里，余额宝、理财通这样的投资工具无疑是最好的选择，一旦选定了平台，无论收益高低都不应频繁地更换平台，而应将更多时间用在其他投资工具的研究和使用上。

3. 货币基金投资技巧

对大多数工薪族来说，若将 10 万元投入互联网理财产品，一年差不多能获得 6000 元收益，这无异于涨了一次工资。并且，货币基金的主要投资标的是国债和银行间市场，等于把钱借给了国家和银行，其风险程度与存款并无区别。

虽然货币基金投资稳定，但在具体产品的选择上，还是有技巧可言的。总的来说，货币基金投资主要有四个技巧。

1）多关注基金的过往业绩收益

通常，七日年化收益率较高的货币基金，获利能力也相对较高。但是要注意的是，这个指标有一定的局限性，因为如果某一天的收益特别高的话，那么含有这一天的七日年化收益率都会被拉抬上去，所以只能做一个选择产品的参考指标而已。笔者认为，重要的还是要看过往的历史业绩和评价。

2）优先考虑老基金

老基金都经过了一段时间的运作，其业绩变得十分明朗，而新发行的货币基金能否取得良好的业绩却需要时间来验证。同时，投资者应尽量选择年收益率一直名列前茅的货币基金类型。

3）参与基金分红

货币基金的分红方式只有一种——"红利转投"，所以每个月基金公司都会将投资者累积的收益转化为货币基金份额，直接分配到投资者的基金账户里，同时货币基金赎回费率为0，没有手续费。

4）节假日前可提前申购

跟指数基金不同的是，货币基金在节假日和周末也是有收益的，所以遇到一些长假，可以在放假前的两个工作日前进行申购，来获得假期的收益。货币基金一般在月末和季末还有年末这些时段中，其收益率是全年最高的。

9.2.2　余额宝

目前，互联网投资理财产品出现了百家争鸣的局面，腾讯、支付宝、百度等互联网公司纷纷推出自己的理财产品，比较热门的有以下九种：阿里余额宝、微信理财通、百度"百发"、工银薪金宝、天天基金网活期宝、苏宁零钱宝、网易现金宝、华夏薪金宝、京东小金库。

余额宝内嵌在支付宝App中，它是一个会挣钱的电子钱包，如图9-12所示。

余额宝是阿里巴巴旗下的支付宝为用户打造的余额增值服务。用户把钱转入余额宝后，即默认购买了由天弘基金提供的增利宝货币基金，可获得收益。另外，余额宝内的资金还能随时用于网购支付，灵活提取。

余额宝是支付宝为个人用户推出的服务，它通过余额进行基金支付。用户只要把资金转入余额宝，即是向基金公司等机构购买投资理财产品，余额宝的收益便来自所购买的理财产品的赎回收益资金。余额宝具体收益的计算与规则如下。

1）每天的收益计算公式

当日收益 =（余额宝已确认份额的资金 /10 000）× 每万份收益。假设用户已向余额宝转入资金 30 000 元，当天的每万份收益为 1.20 元，代入计算公式，可得用户当日的收益为：3.6 元。

图 9-12 余额宝首页

2）余额宝的收益结算规则

余额宝的货币基金收益是每日结算，今天的收益会在第二天下午三点左右到账。其中没有收益的有两种情况：消费支付（实时到账）或快速转出（2 小时内到账）的资金当天没有收益；普通资金转出日自资金到账日期间没有收益。

3）余额宝转入金额限制规则

一般来说，支付宝余额直接转入余额宝是没有额度限制的，用银行卡、信用卡、借记卡等将资金转入余额宝，其额度以支付宝官方提示为准。

4）余额宝转出至银行卡到账时间

实时到账仅四家银行支持，分别是中信银行一卡通、光大银行一卡通、平安银行一卡通和招商银行一卡通，其转出最大限制额度以银行签约为主。

9.2.3　理财通

与支付宝的余额宝相同，腾讯微信理财通也是一款货币基金理财产品，合作伙伴有四家基金公司，分别是华夏、易方达、广发和汇添富。该产品于2014年1月15日上线，七日年化收益率曾一度高达6.4350%，换算过来相当于活期存款的16倍以上。

理财通现阶段只能在手机端操作，在微信App上依次单击"我的""支付""理财通"即可进入理财通，用户只要完成银行卡绑定手续后，即可购买理财通。

微信理财通主要具有以下优势。

1）便捷

余额宝的入口在支付宝中，面向的用户群是支付宝用户。与之类似的是，理财通的入口在微信里，面向微信聊天与支付的用户群，加之人性化设置的理财功能，通过反复的人工实验得出最优的体验界面，以及完整的投资选择，能让人体验到理财的便捷。

2）稳健

从微信钱包或银行卡支付环节到财付通投资环节，再到用户收回本金环节，腾讯理财通拥有完整的投资交易过程保障，不会出现任何风险。

3）收益

腾讯运用大数据和金融科技，使得理财通投资理财产品的收益对用户来说更透明。

4）应用场景广

和支付宝一样，微信支付除了线下实体店支付外，也开始和滴滴打车、猫眼电影、大众点评等合作，已经覆盖线下多个支付场景，从而进一步推动微信平台和微信理财通上的资金流动。

9.3　债券基金

债券基金是一种以债券为投资对象的证券投资基金，它通过集中众多投资者的资金，对债券进行组合投资，寻求较为稳定的收益。一般来说，债券基金80%以上的基金资产用于投资债券。

9.3.1　债券基金的种类

按照投资对象不同，债券基金可以分为以下四种，如图9-13所示。

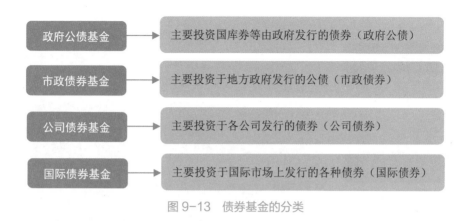

图 9-13　债券基金的分类

9.3.2　债券基金的特点

债券基金投资的是一篮子债券，和指数基金相比，它更适合短期投资，它主要有四个特点，如图 9-14 所示。

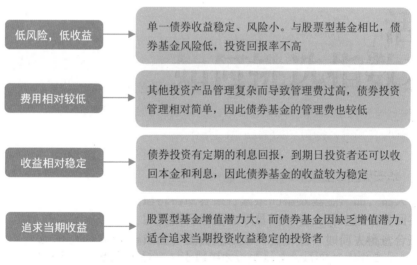

图 9-14　债券基金的特点

与直接投资债券相比，投资债券基金具有以下优势，如图 9-15 所示。

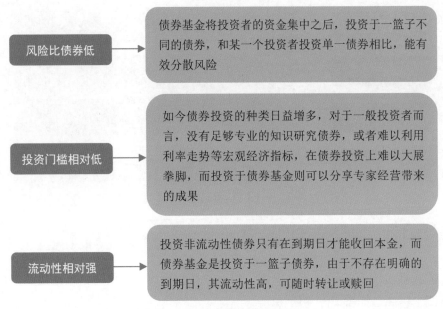

| 风险比债券低 | 债券基金将投资者的资金集中之后，投资于一篮子不同的债券，和某一个投资者投资单一债券相比，能有效分散风险 |

| 投资门槛相对低 | 如今债券投资的种类日益增多，对于一般投资者而言，没有足够专业的知识研究债券，或者难以利用利率走势等宏观经济指标，在债券投资上难以大展拳脚，而投资于债券基金则可以分享专家经营带来的成果 |

| 流动性相对强 | 投资非流动性债券只有在到期日才能收回本金，而债券基金是投资于一篮子债券，由于不存在明确的到期日，其流动性高，可随时转让或赎回 |

图 9-15　投资债券基金的优势

9.3.3　债券基金与债券的区别

债券基金中最具代表性的应该是华安稳固收益债券 A，基金代码为 002534，2017 年它曾冲上债券基金收益排行榜，而且截至 2019 年底，该债券基金已经连续 3 年蝉联涨幅排名榜首，如图 9-16 所示。

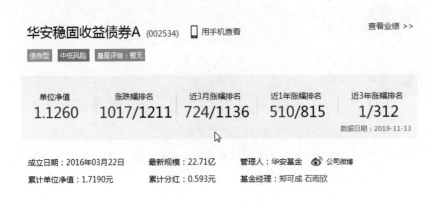

华安稳固收益债券A (002534)　📱用手机查看　　　　　　　　查看业绩 >>

`债券型` `中低风险` 晨星评级：暂无

单位净值	涨跌幅排名	近3月涨幅排名	近1年涨幅排名	近3年涨幅排名
1.1260	1017/1211	724/1136	510/815	1/312

数据日期：2019-11-13

成立日期：2016年03月22日　　最新规模：22.71亿　　管理人：华安基金　🔴公司微博

累计单位净值：1.7190元　　累计分红：0.593元　　基金经理：郑可成 石雨欣

图 9-16　华安稳固收益债券 A

债券基金是投资一篮子股票的基金，这是它与债券最大也是最重要的区别，其具体区别主要有四点，如图 9-17 所示。

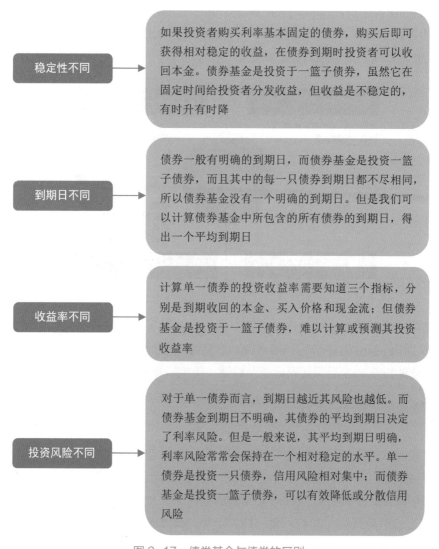

稳定性不同 → 如果投资者购买利率基本固定的债券，购买后即可获得相对稳定的收益，在债券到期时投资者可以收回本金。债券基金是投资于一篮子债券，虽然它在固定时间给投资者分发收益，但收益是不稳定的，有时升有时降

到期日不同 → 债券一般有明确的到期日，而债券基金是投资一篮子债券，而且其中的每一只债券到期日都不尽相同，所以债券基金没有一个明确的到期日。但是我们可以计算债券基金中所包含的所有债券的到期日，得出一个平均到期日

收益率不同 → 计算单一债券的投资收益率需要知道三个指标，分别是到期收回的本金、买入价格和现金流；但债券基金是投资于一篮子债券，难以计算或预测其投资收益率

投资风险不同 → 对于单一债券而言，到期日越近其风险也越低。而债券基金到期日不明确，其债券的平均到期日决定了利率风险。但是一般来说，其平均到期日明确，利率风险常常会保持在一个相对稳定的水平。单一债券是投资一只债券，信用风险相对集中；而债券基金是投资一篮子债券，可以有效降低或分散信用风险

图 9-17　债券基金与债券的区别

9.4　家庭资产配置

近年来，家庭资产配置这个概念比较流行，其中"标准普尔家庭资产象限图"为人津津乐道。"标准普尔家庭资产象限图"由标准普尔公司推出，标准普尔公

司是指数编制公司，同时也是全球影响力巨大的信用评级机构，标准普尔公司曾调研全球 10 万个资产稳健增长的家庭，通过各种技术手段和方法分析总结出这 10 万个家庭的理财方式，从而得到"标准普尔家庭资产象限图"，如图 9-18 所示。此图被公认为最合理稳健的家庭资产分配方式，作为读者的一个参考。

图 9-18　标准普尔家庭资产象限图

按照"标准普尔家庭资产象限图"的总结和分析，家庭资产因作用和投资渠道各不相同而被分为四份。一般来说，家庭资产按照相对合理的比例分成四份后进行相应的投资，才能保证家庭资产长期、持续、稳健地增长。

9.4.1　要花的钱

"要花的钱"指的是日常开销费用，是一个家庭在日常生活中需要花的钱。一般来说要备足一个家庭 3 ～ 6 个月的日常开销费用，它占家庭资产的 10% 左右。

一般来说，这部分钱放在活期储蓄的银行卡、支付宝或微信中。这部分钱是保障家庭的短期开销，如衣、食、住、行等，具体来说就是日常生活用品、旅游费用、服饰都从这笔钱里支出。

我们一般都会有这部分钱，但是最容易遇到的难题是这部分开销太高，很多时候也正是因为这部分钱支出过高，而没有其他钱。

9.4.2　保命的钱

第二笔钱起杠杆作用，也就是用来保命的钱，一般来说大约占家庭资产的

20%，为的是专门解决突发情况下的大额开支。

这个账户是为突发的大额花费做准备的，一定要有足够的备用资金，比如在家庭成员或亲戚朋友出现意外事故或重大疾病的时候，可以拿出这笔钱用来救急或保命。

对于普通家庭而言，这笔保命的钱主要指的是意外事故和重大疾病的保险，因为只有保险才能做到以小博大，比如几百元的保险关键时候可以报销上万元。这项开支平时不占用太多钱，用时却又能成为一大笔保命的钱。

这笔钱平时很难看出它的真正作用，只有在遇到重大事故或意外时它才能发挥重要作用，保障正常家庭生活的运转。如果没有这个账户，急用的时候家庭资产就随时面临风险。

9.4.3　生钱的钱

第三笔钱是用来投资的钱，也就是生钱的钱。一般来说这笔钱占家庭资产的30%。

这笔钱主要用来投资，它可以为家庭创造更多的收益。投资者通过自身的能力和自己最擅长的投资方式，为家庭创造更多的收益，其中的收益可以来自多个合法投资渠道，比如房产、基金、股票、企业投资等。

要想提高家庭生活质量，投资者有必要准备这么一笔钱。我们需要对这笔钱设置一个合理的比例，也就是这笔钱的盈亏不能对家庭日常生活产生太大的冲击。

9.4.4　保本升值的钱

第四笔钱是用来长期投资并产生收益的钱，同时它要抵挡通货膨胀对家庭资产的侵蚀。对于一个家庭来说，这是一笔保本升值的钱，主要用途为子女教育、留给子女、家庭成员养老，这笔钱在家庭资产中占比40%左右。

这笔钱主要是做长远打算的，关系到家庭长远的发展，一定要保证其本金不能有任何损失，它的收益不一定要很高，但要长期稳定。

第10章

防范!
投资指数基金有哪些风险

学前提示

前文断断续续写过各种指数基金自身带有的风险,这一章将会系统性总结指数基金整体风险有哪些,同时提供防范投资风险、风险评测和化解风险的方案,以及总结指数基金定投的误区,为投资者投资指数基金提供一份安全保障。

要点展示

▶ 防范投资风险
▶ 怎么进行风险评测
▶ 怎么化解投资风险
▶ 指数基金定投误区

10.1 防范投资风险

虽然所有投资者都知道"基金有风险，投资需谨慎"，但是却只有少数投资者能够做到根据自身风险承受能力合理配置资产减少投资方向。

10.1.1 衡量风险

投资者分析指数基金时，在关注其回报的同时还要注意如何衡量风险。具体可以从以下几个方面进行分析。

（1）指数基金的投资风格是投资者衡量基金风险的一项重要指标。总体来说，大盘价值型指数基金的投资风格会比较保守，其风险偏小；而小盘成长型指数基金的投资风格会相对比较激进，其风险较高。

（2）指数基金的持股行业比例可以通过指数基金的行业集中度来反映，其表示指数基金是否大量持有某一行业的股票。当该行业的指数出现大幅波动时，指数基金也会随之受到连锁影响，行业集中度越高，影响也就越大。

（3）指数基金的持股分散度也是衡量基金风险的一项重要指标，大量持有某几只股票的指数基金的风险会比分散投资的指数基金高。

（4）指数基金的过往最差业绩可以让投资者清晰直观地看到投资该基金可能受到的最大风险损失，指数基金投资者要好好权衡自身可以承受的风险程度，再做选择。

（5）风险评级机构提供的信息是很好的参考标准。基金评级机构能为指数基金投资者提供详细的基金信息和数据分析，为投资者规避风险提供帮助。

10.1.2 基金定投

基金定投是降低投资风险的有效方法。目前投资者只需选择一只指数基金，然后向代销该基金的银行或者券商提出申请，设定每月的投资金额、扣款时间以及投资期限，办理完相关手续后就可以坐等基金管理公司自动划账。

其主要特点是起点低、成本平摊和风险低。进行指数基金定投每月只需几百元即可，不必筹备大笔资金，利用每月的少许闲置资金来投资，不会造成经济上额外的负担，长期坚持就会积少成多。同时，其长期的获利远超过银行定存的利息所得，并且投资期间越长，相应的风险也越低。

需要注意的是，投资者必须保证其指定的指数基金定投扣款账户上在接受定投扣款时有足够的资金，这样指数基金定投才能够顺利进行。

10.1.3　投石问路

试探性的"投石问路"投资是新基民降低投资风险的好办法。把握不好最合适的指数基金交易时间常常是新入市的投资者在指数基金投资中最常出现的问题，在不好把握交易时机时，投资者可以先将少量资金作为购买指数基金的投资试探，然后根据结果再判断是否要大量购买，这样可以减少基金买进过程中的盲目性和失误率，从而降低投资者的投资风险。进行投石问路的方法如图 10-1 所示。

图 10-1　"投石问路"投资法

10.1.4　分散投资

各种投资的标的是很少齐涨齐跌的，分散投资正是利用这一点来有效降低风险的，即使各标的齐涨齐跌，幅度也不会相同。因此，当几种投资组成一个投资组合时，其组合的投资报酬是个别投资的加权平均，其中涨跌的作用也会相互抵消，从而降低风险。在进行分散投资时需要注意以下几点，如图 10-2 所示。

尽管指数基金投资通过跟踪标的指数分散了投资风险，投资相对较为稳健，但并不意味着指数基金投资绝无风险，所以投资者在入门之前要充分了解指数基金投资的相关知识，并意识到指数基金投资的风险性，主动选购不同类型的指数基金进行组合投资，以分散投资风险。

除此以外，大型的投资者还可以搭配一份合适的理财险，进而为构建完善的投资方案增添一道资金安全防护墙。

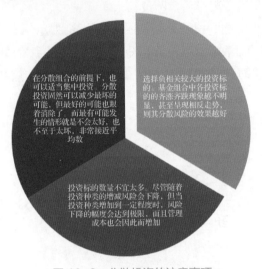

在分散组合的前提下，也可以适当集中投资。分散投资固然可以减少最坏的可能，但最好的可能也跟着消除了。而最有可能发生的情形就是不会太好，也不至于太坏，非常接近平均数

选择负相关较大的投资标的。基金组合中各投资标的的齐涨齐跌现象越不明显，甚至呈现相反走势，则其分散风险的效果越好

投资标的数量不宜太多。尽管随着投资种类的增减风险会下降，但当投资种类增加到一定程度时，风险下降的幅度会达到极限，而且管理成本也会因此而增加

图 10-2　分散投资的注意事项

10.1.5　长期持有

长期持有指数基金的好处有以下两点，如图 10-3 所示。

申购、赎回一款基金一般要承担 1.5%~3% 的费用，是比较大的成本，而长期持有可以避免频繁操作的交易成本，更减免了赎回费用，无形之中给投资者带来更多的回报

操作成本较低

相关实证研究显示，过去投资投市，以持有一个完全分散风险的投资组合而言，持有时间越长，发生损失的概率就越小。持有一天下跌的可能性是 5%，持有一个月下跌的可能性是 40%，持有一年下跌的可能性是 34%，持有五年下跌的可能性已经降至 1%，如果持有 10 年以上，则完全没有发生损失的可能性

投资者不必犯难选时的问题

图 10-3　长期持有的好处

10.2 怎么进行风险评测

风险评测是科学投资决策的重要一环，使用风险评测工具，投资者可以对自己的风险承受能力有一个相对客观的评价，从而能选择更加适合自己的投资产品。

目前，常见的风险评测途径有两种，如图 10-4 所示。

图 10-4 常见的风险评测途径

10.2.1 通过计算机进行风险评测

随着基金发展的日趋成熟，人们对基金的风险程度越来越看重，因此网络上除了专门的基金交易工具，还出现了许多专业性很高的风险测评工具。

一个好的风险测评工具要求容易操作且相对客观。下面以博时基金为例，介绍通过计算机进行风险评测的操作方法。

（1）首先进入博时基金主页，单击"博时投资汇"超链接，如图 10-5 所示。

图 10-5 单击"博时投资汇"超链接

（2）在打开的页面中单击"理财在线"按钮，如图 10-6 所示。

图 10-6　单击"理财在线"按钮

（3）在打开的"理财在线"页面中单击"基金工具"按钮，如图 10-7 所示。

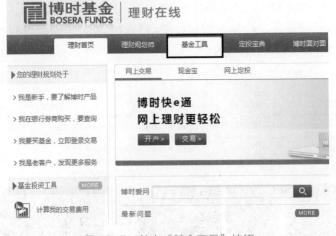

图 10-7　单击"基金工具"按钮

（4）执行操作后，进入"基金工具"页面，单击"测试我的风险类型"按钮，根据实际情况进行风险评测，如图 10-8 所示。按照提示完成风险测评，然后单击下方的"确定"按钮。

（5）执行上述操作后，即可显示测评结果，如图 10-9 所示。

图 10-8　单击"测试我的风险类型"按钮

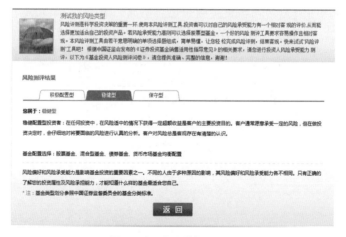

图 10-9　评测结果显示

10.2.2　通过手机银行 App 进行风险评测

多数手机银行 App 在用户选择理财产品之前，都要求用户进行风险能力测评，以下帮助用户找到适合自己投资的类型。下面以中国工商银行的手机银行 App 为例，介绍通过手机银行 App 进行风险评测的操作方法。

（1）登录中国工商银行手机 App，单击"我的"按钮，如图 10-10 所示。

图 10-10 登录中国工商银行手机 App

（2）单击"我的"界面中的"手机电话"按钮，如图 10-11 所示。

图 10-11 "我的"界面

（3）在打开的页面中单击"风险能力评测"超链接，如图 10-12 所示。执行完操作后，页面将转至"风险能力评测"界面，如图 10-13 所示。在该界面完成测评，然后单击"确定"按钮。

图 10-12　单击"风险能力评测"超链接　　图 10-13　"风险能力评测"页面

（4）完成上述操作后，便可以得到风险评测结果，如图 10-14 所示。

图 10-14　风险评测结果

10.3　怎么化解投资风险

"小心驶得万年船"，其实就是"股市有风险，投资须谨慎"的通俗说法，这句话在指数基金投资中同样适用。

不管是何种投资，都无法保证百分之百获利，只要是投资，就一定会伴随着或多或少的风险，投资者在进行投资时必须清楚地认识到这一点，这样才能保证在投资时进行充分冷静合理的判断。投资者要想从投资中获利，必须明确指数基金投资的风险，并加以衡量和防范。

10.3.1 指数基金有哪些投资风险

前面已经提过，指数基金虽然可以通过跟踪标的指数降低风险，但它和其他投资方式一样，仍不可避免地存在着一些风险。下面就对指数基金投资风险做一下总结。

1. 金融市场风险

政治、经济或者上市公司经营情况的变化都会引起有价证券价格的变动，如果有价证券的价格因为通货膨胀的影响而下降了，就会导致金融市场风险，也就会给指数基金投资者带来损失。金融市场风险主要包括四种类型，分别是权益风险、汇率风险、利率风险和商品风险。

在上述四种类型的风险中，汇率风险和利率风险的影响尤为突出，也是投资者需要重点关注并防范的风险。

其中，汇率风险主要表现在以下两个方面。

（1）外汇交易风险。

（2）外汇结构性风险。

利率风险则表现在以下四个方面。

（1）重新定价风险。

（2）收益率曲线风险。

（3）基准风险。

（4）期权性风险。

2. 流动性风险

指数基金不存在通常意义上的流动性风险。只有当指数基金出现某些极端情况时，如巨额基金赎回，投资者才可能无法以当日单位基金净值全额赎回，如选择延迟赎回，就可能要承担单位基金资产净值下跌的风险。

影响开放式基金流动性风险的因素比较多，主要的防范策略如图10-15所示。

3. 申购赎回风险

指数基金的申购数量、赎回金额按照基金交易日的单位基金资产净值加减有关费用计算。

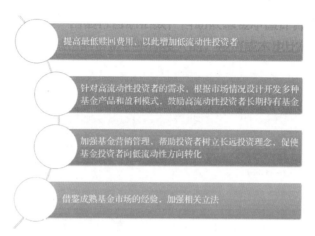

提高最低赎回费用，以此增加低流动性投资者

针对高流动性投资者的需求，根据市场情况设计开发多种基金产品和盈利模式，鼓励高流动性投资者长期持有基金

加强基金营销管理，帮助投资者树立长远投资理念，促使基金投资者向低流动性方向转化

借鉴成熟基金市场的经验，加强相关立法

图 10-15　流动性风险的防范策略

基金投资者是无法进行即时的基金单位交易的，在对基金单位进行申购或赎回操作时，并不能按照当前的单位资产净值进行结算，而是要参考上一个基金交易日的数据。这样的赎回机制使得指数基金上一交易日到当前交易日之间的净值变化脱离了投资者的控制，因此投资者在申购、赎回时无法知道会以什么价格成交。

10.3.2　化解指数基金投资风险

1. 用分红基金稀释风险

当证券市场发生震荡时，高比例分红基金可以通过低成本建仓的方式，稀释基金的风险。而建仓的增加，就意味着有更多的投资者共同承担基金风险，这无形之中就降低了投资风险。

2. 通过拆分基金稀释风险

如果是在震荡的市场环境下，投资者可以通过拆分指数基金来稀释基金带来的风险。

3. 适时进行投资组合调整

组合投资是降低基金投资风险最有效也是最广泛的投资方法，这种方法之所以具有降低风险的效果，是由于各种投资者标的间具有不会齐涨齐跌的特性，即使齐涨齐跌，幅度也不会相同。

因此，当集中投资组成一个投资组合时，其组合的投资报酬是个别投资的加权平均，其中涨跌的作用也会相互抵消，从而降低风险。

4. 采用灵活的分红方式

具体行情下采用对应的分红方式，可以达到保证收益或降低风险的效果。

当行情看好时，选择红利再投资的方式，可以将分红直接进行投资，进而增加投资的收益。

而当行情震荡或看跌时，采用现金分红的方式，则可以保住投资的既得利润。

10.4　指数基金定投误区

指数基金定投虽因其平均成本、分散风险等特点受到越来越多投资者的青睐，但是许多投资者因为对其认识不足往往会陷入误区，如图 10-16 所示。

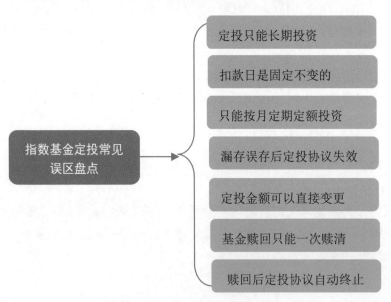

图 10-16　指数基金定投误区

10.4.1　定投时间误区

1. 定投只能长期投资

虽然定投可以降低投资风险，但是定投作为一种长期投资，还需要参考指数基金的后市，如果后市看跌，则应该重新进行规划。

2. 扣款日是固定不变的

定投虽采用固定时间扣款，但因为每个月份的天数不同，所以扣款日为每月1～28日；除此之外，如果扣款日为节假日，则会相应地顺延，待到工作日再行扣款。

此外，投资者还可以主动更改扣款日，下面就以支付宝 App 平台为例，介绍更改基金定投扣款日的方法。

（1）首先进入支付宝 App，单击主界面右下角的"我的"按钮，进入"我的"界面后，再单击"蚂蚁财富"按钮，如图 10-17 所示。

（2）执行上述操作后即可进入相应界面，单击"理财"按钮，进入理财界面，单击"基金"按钮，进入"基金"界面。之后，单击下方的"持有"按钮，然后选择一只持有的基金，对其进行红利再投资设置，进入基金详情页面后单击下方的"定投"按钮，如图 10-18 所示。

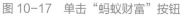

图 10-17　单击"蚂蚁财富"按钮

图 10-18　单击"定投"按钮

（3）执行上述操作后即可进入"定投管理"界面，单击选中基金的名称，即可进入该基金的 "定投详情"界面，单击界面左下角的"修改"按钮，即可修改定投日期，如图 10-19 所示。

（4）执行操作后，便可在弹出的界面下方看到一个星期列表，选中其中的某一天，即可将定投扣款日期调整到这一天，这里选择"周三"选项，如图 10-20 所示。

之后单击"确认修改"按钮，输入密码确认后修改即完成。

图 10-19 单击"修改"按钮	图 10-20 选择"周三"选项

3. 只能按月定期定额投资

虽然定投多为按月投资，但是不同的基金公司可能会有不同的规定，除了按月定投，有的基金公司还采取按双月和季度投资等方式。因此，具体周期还需参照特定的基金公司的规定。

10.4.2 定投协议误区

部分投资者除了对定投时间的了解有所欠缺外，对定投协议也存在以下四个误区。

1）漏存误存后定投协议失效

部分投资者由于存款不及时等原因，使账户内资金不足，无法正常扣款。但这并不代表定投协议就此失效，只要投资者尽快补足，便可继续进行定投。

2）定投金额可以直接变更

定投协议签订后，不能在约定期内直接更改定投数额。如需变更需先办理撤销定期定额申购手续，并重新进行申购。

3）基金赎回只能一次赎清

定投的基金赎回份额没有限制，既可以全部赎回，也可以根据需求部分赎回。如果部分赎回，则剩下部分仍将持有。

4）赎回后定投协议自动终止

定投协议并不会因为基金被赎回而终止，全部赎回之后，如果投资者的银行卡内有足够资金且满足扣款的条件，那么，银行会默认协议仍在生效，并定期扣款。